lonely planet

LO MEJOR · VIDA LOCAL · GUÍA PRÁCTICA

BRUSELAS Y BRUJAS

DE CERCA

AF275873

MÉLISSA MONACO Y HELENA SMITH

Sumario

Puesta a punto 6

Markt, Brujas (p. 38).
PROTASOV AN/SHUTTERSTOCK ©

Bienvenidos a Bruselas y Brujas

Bruselas, de animado ambiente cosmopolita, y Brujas, romántica y surcada por canales, forman un dúo que se compenetra a la perfección. Aunque la capital belga es mucho más grande, ambas cuentan con serenas vías navegables, verdes parques, vivaces mercados, moda de vanguardia, kilómetros de carriles-bici y galerías repletas de arte local, desde obras maestras de Brueghel al Tintín de Hergé. Todo esto sumado a la mejor cerveza y el mejor chocolate del mundo.

Las mejores experiencias

Empaparse de la magia de Markt (p. 38)

EOSTK23/SHUTTERSTOCK ©

**Descubrir el arte
y la arquitectura
de Burg (p. 40)**

IZDA: MISTERVLAD/SHUTTERSTOCK © DCHA: PHOTOS.COM/GETTY IMAGES ©

**Apreciar arte flamenco
en el Groeningemuseum
(p. 58)**

Ver obras maestras en el Museum Sint-Janshospitaal (p. 60)

Fascinarse ante las artes aplicadas del Gruuthuse-museum (p. 62)

Explorar el Parc du Cinquantenaire (p. 128)

Profundizar en el pasado en el Musée Art & Histoire (p. 130)

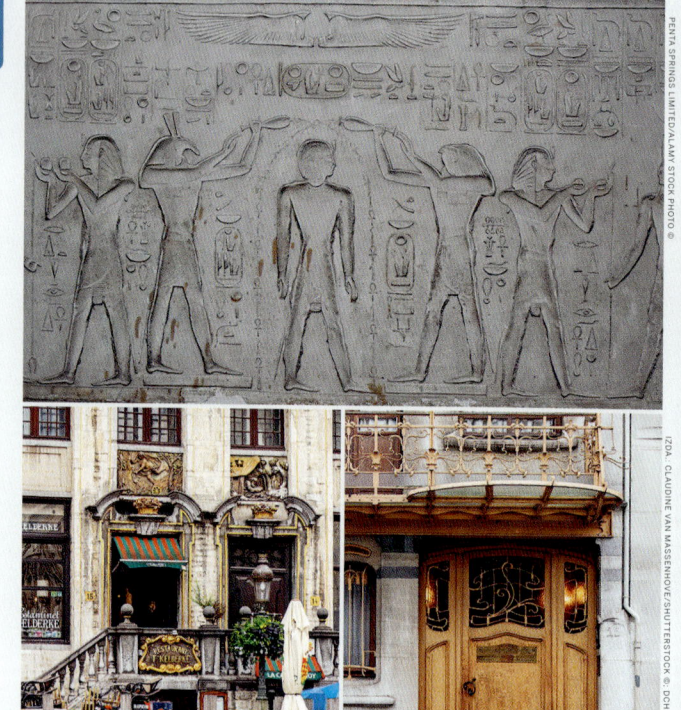

PENTA SPRINGS LIMITED/ALAMY STOCK PHOTO ©

IZDA. CLAUDINE VAN MASSENHOVE/SHUTTERSTOCK ©. DCHA. SANTI RODRÍGUEZ/SHUTTERSTOCK ©

Recorrer los 'cafés' y casas gremiales de la Grand Place (p. 84)

Aplaudir la preciosa joya modernista del Musée Horta (p. 140)

Admirar arte en los Musées Royaux des Beaux-Arts (p. 110)

Escuchar música de otra manera en el MIM (p. 112)

Conocer los cómics del Centre Belge de la Bande Dessinée (p. 86)

Dónde comer

Llevar apetito es fundamental para disfrutar de la batería de exquisiteces que ofrecen los restaurantes de ambas ciudades. Bélgica presume, además, de más estrellas Michelin per cápita que cualquier otro lugar de Europa. Muchos cafés (bares y pubs) también sirven comida.

Qué comer

En los desayunos belgas no faltan embutidos, quesos y cereales. Los almuerzos suelen incluir un plato del día (*dagschotel* en flamenco; *plat du jour* en francés) mientras que el *dagmenu/ menu du jour* supone una forma económica de comer primero, segundo y postre. A las 18.00 se empieza a servir la cena, pero el grueso de los comensales acude 2 h más tarde.

Mejillones con patatas fritas

Si hay un plato nacional belga son los mejillones (*mosselen* en flamenco; *moules* en francés), que como mejor se saborean es usando una concha vacía a modo de pinza. Las patatas fritas (*frieten* o *frites*), el aperitivo favorito de Bélgica, son la inseparable guarnición de este plato y de cualquier otro.

Entusiastas de la carne

En Bélgica, la carne poco hecha (*saignant*) se sirve goteando sangre; *à point* (en su punto) es lo que en otros países se considera "poco hecha", y *bien cuit* es lo más similar a "bien hecha" (igual en francés y en flamenco). Los bistecs *bleu* apenas ven la parrilla.

La mejor cocina belga de Brujas

Gran Kaffee de Passage Uno de los veteranos más atractivos; sirve opíparos platos locales. (p. 49)

Christophe Pequeño y seductor bistró donde probar clásicos. (p. 73)

One Restaurant Sabrosa cocina flamenca en un acogedor local tipo taberna con un arbolado patio. (p. 72)

NITO/SHUTTERSTOCK ©

La mejor cocina belga de Bruselas

Zotte Mouche Recetas de toda la vida. (p. 95)

'T Kelderke Especialidades patrias a tomar en terraza en la Grand Place o en su acogedora cava. (p. 85)

In't Spinnekopke En una vieja casita, platos del día de carne. (p. 96)

El mejor pescado y marisco

De Stove El pescado fresco destaca en esta pequeña joya. (Brujas; p. 48)

Chez Léon Favorito entre turistas por sus "mejillones de Bruselas". (Bruselas; p. 95)

Mer du Nord Sublimes gambas en una de las pescaderías más tentadoras. (Bruselas; p. 92)

Comida casera

Charli Sirve repostería y tartas a precio de ganga, todas con ingredientes ecológicos. (Bruselas; p. 95)

That's Toast Incomparable por sus desayunos (todo el día). (Brujas; p. 49)

Maison Antoine Sus *frites* son de las mejores de la ciudad. (Bruselas; p. 136)

Platos tradicionales belgas

- **Bloedworst** Morcilla con salsa de manzana.
- **Breugel Kop** Terrina de ternera y lengua en gelatina.
- **Filet américain** Filete tártaro.
- **Konijn met pruimen** Conejo en salsa de ciruelas.
- **Paling in het groen/anguilles-au-vert** Anguila en salsa de espinacas.
- **Stoemp** Puré de patatas con verduras y salchichas.
- **Waterzooi** Estofado de pescado o de pollo en caldo de verduras y crema.

Dónde beber y vida nocturna

CREDIT

Bélgica se caracteriza por su abrumadora selección de cerveza y ginebra, que donde mejor se aprecia es en las cervecerías y en los locales especializados en jenever. En bares y clubes suele sonar jazz en vivo. En las tiendas de música, boutiques, bares y cafés se encontrarán folletos que anuncian fiestas y sesiones de DJ.

Cultura de bares

Los locales de copas tienen extensas cartas con cientos de variedades. Ante tamaña empresa, lo más recomendable es indicar al personal los sabores y características que uno tiene en mente y dejarse guiar. Normalmente abren sobre las 10.00; la hora de cierre depende de lo animada que esté la noche.

Todos han de pagar rondas, salvo "Bob", que es como los belgas llaman al encargado de conducir.

En el momento de brindar siempre se dice "¡salud!": *schol* (o *gezondheid*) en flamenco; *santé* en francés.

Locales de todo tipo

Todos los *cafés* sirven alcohol y algunos también comida; a estos establecimientos se los conoce como *eetcafé* ("café con comida") o *grand café* (versión más grande y elegante de los *eetcafé*), y se puede ir solo a tomar algo. También se puede tomar una copa en las *brasseries* o bistrós, aunque en general son para comer. Cualquier establecimiento catalogado como bar, en general, solo sirve bebidas, mientras que las *herberg* ("taberna", en flamenco) son en buena medida sitios donde beber.

Una de las propuestas más atractivas para tomar algo son los tradicionales *bruin café* ("café marrón", a veces llamado *bruine kroeg*), que deben su nombre a los revestimientos de madera intercalados con sus enormes espejos; son pequeños y acogedores *pubs* a la vieja usanza, fantásticos para conocer lugareños y pasar un buen rato.

CREDIT

Las mejores cervecerías de Brujas

Café Vlissinghe Es obligado visitar el bar más antiguo de la ciudad. (p. 51)

De Garre Hogar de la robusta cerveza homónima, con un 11% de graduación alcohólica. (p. 51; foto arriba izda.)

't Poatersgat Una cava con tropecientas cervezas trapenses. (p. 52)

Las mejores cervecerías de Bruselas

À la Mort Subite Decoración y ambiente imperecederos. (p. 98; foto arriba dcha.)

La Fleur en Papier Doré Sus paredes lucen garabatos de René Magritte, artista surrealista nacido en la capital. (p. 98)

Brussels Beer Project Esta microcervecería y bar es una de las apuestas más innovadoras del momento. (p. 97)

Los mejores bares con música en directo

Du Phare Sala de *blues* y *jazz* en el extremo norte de la ciudad. (Brujas; p. 53)

Music Village Cenas a son de *jazz* cerca de la Grand Place. (Bruselas; p. 100)

Bonnefooi Desde R&B a *rock*, pasando por actuaciones y sesiones de DJ hasta las tantas. (Bruselas; p. 99)

Los locales nocturnos con mejor ambiente

De Stoepa Cerca de la estación, en verano cuenta con un fabuloso patio donde cenar o tomar algo. (Brujas; p. 72)

L'Archiduc Al estilo de un club privado *art déco*, ideal para disfrutar de un cóctel. (Bruselas; p. 99)

Goupil le Fol Estrafalario exceso sensorial con pasadizos por doquier. (Bruselas; p. 96)

De compras

Cerveza y chocolate son compras indispensables en Brujas y Bruselas, y las dos ciudades prometen una amplísima oferta de ambos productos. Otros artículos que gustan mucho son el encaje hecho a mano, la moda de diseño, los tebeos clásicos, los diamantes y las antigüedades.

Chocolate

Solo el hecho de comprarlo es un arte, con infinidad de opciones exquisitas. Desde marrón oscuro a cremoso blanco, estas delicias, de distintas formas y elaborados diseños, se presentan en elegantes envoltorios brillantes o de celofán, y los de calidad suprema pueden alcanzar los 120 €/kg.

En 1912, la industria del chocolate asistió a un momento trascendental con la creación del praliné en Bruselas. Hoy, los chocolateros más innovadores elaboran pralinés de fusión, con sabores únicos como habano, coliflor, guisante o *wasabi.*

Dónde comprar chocolate

Además de los establecimientos de los grandes maestros chocolateros, hay multitud de cadenas de lujo, incluidas las populares Leonidas, Neuhaus, creador del praliné, y Galler, que ofrece sublimes barritas de praliné.

Las mejores tiendas de chocolate

Chocolate Line Sabores experimentales cortesía del creativo Dominique Persoone. (Brujas; p. 54)

Pierre Marcolini Lujosos caprichos, algunos hechos con cacao cubano. (Bruselas; p. 122; en la foto)

Neuhaus La primera tienda, de 1857. (Bruselas; p. 103)

KVITKA FABIAN/SHUTTERSTOCK ©

La mejor moda y ropa 'vintage'

Think Twice Vintage Estupendas prendas de ocasión para hombre y mujer. (Brujas; p. 55)

Stijl Vende los diseños de Antwerp Six. (Bruselas; p. 103)

Bernard Gavillan Amplio surtido en el "rey de lo *vintage*". (Bruselas; p. 123)

Las mejores tiendas de comida y bebida

Diksmuids Boterhuis Preciosa tienda tradicional llena de quesos, miel, fiambres y mostaza. (Brujas; p. 43)

Maison Dandoy Tal vez el mejor fabricante de galletas de Bélgica, además del rey del *speculoos*. (Bruselas; p. 95)

De Biertempel No hay mejor sitio para surtirse de regalos cerveceros. (Bruselas; p. 103)

Consejos al comprar chocolate

Los supermercados venden artículos de marca a precios mucho más económicos que las tiendas. La tentación se prolonga hasta el último instante, y prueba de ello es que el aeropuerto de Bruselas sea el mayor punto de venta de chocolate del mundo.

Las mejores librerías

De Reyghere Reisboek-handel Quizá la mejor librería de viajes del mundo. (Brujas; p. 54)

Passa Porta Para amantes de la literatura. (Bruselas; p. 101)

Tropismes Hermoso espacio en la fastuosa Galerie des Princes. (Bruselas; p. 103)

Ocio

La revolución que propició la independencia de Bélgica se produjo durante una ópera, por lo que las artes escénicas tienen mucha aceptación. En Bruselas hay multitud de espacios fabulosos, incluidos teatros de marionetas, como el Théâtre Royal de Toone; mientras que Brujas se jacta de tener la Concertgebouw, un fascinante auditorio.

CREDIT

Cine belga

La arraigada afinidad por el cine de los belgas se atribuye a la vida nocturna tardía y al clima lluvioso. La infradotada industria cinematográfica nacional apenas lanza dos producciones comerciales al año, además de varias películas independientes de bajo presupuesto. Y, aun así, los directores belgas gozan de reconocimiento internacional, en especial los hermanos Dardenne, ganadores de la Palma de Oro en Cannes con *Rosetta* (1999), *El niño* (2005) y *El niño de la bicicleta* (2011). Lukas Dhont estuvo nominado al Óscar a la mejor película internacional en el 2023 con *Close*, mientras que Adil El Arbi y Bilall Fallah, conocidos por *Capitana Marvel* (2022) y *Bad Boys for Life* (2020), rodaron la trepidante *Black* (2015), una historia de amor y pandillas urbanas de Bruselas. Brujas fue el memorable escenario de la comedia de acción *Escondidos en Brujas* (2008).

Estrellas nacionales

A diferencia de los directores, apenas hay actores belgas conocidos más allá de sus fronteras, a excepción del legendario Jean-Claude Van Damme, natural de Bruselas. Otras estrellas a nivel nacional son Cécile de France y Matthias Schoenaerts.

CREDIT

Salas de música y danza de Brujas

Koninklijke Stadsschouwburg Magnífico, consagrado a la música clásica, la danza y el teatro. (p. 54; foto arriba izda.)

Concertgebouw Moderno auditorio que acoge actuaciones musicales y espectáculos de danza de primera. (p. 76; arriba dcha.)

Cactus Muziekcentrum Con festival propio, recibe artistas internacionales de un amplio espectro de estilos. (p. 76)

Salas de música y danza de Bruselas

BOZAR En su ilustre escenario suenan grandes orquestas. (p. 121)

Théâtre Royal de Toone Ocho generaciones de una familia de titiriteros, indispensable en cualquier visita a la ciudad. (p. 100)

Los mejores cines

Cinema Lumière Cine de autor en versión original. (Brujas; p. 54)

Cinéma Galeries Películas independientes en una galería del s. XIX. (Bruselas; p. 99)

Palace Cinema El cine con más solera de la ciudad al fin ha sido restaurado. (Bruselas; p. 100)

Cinematek Cine mudo acompañado a diario de un piano. (Bruselas; p. 121)

Salas de cine

Mejor que las cadenas de cines comerciales, en la capital interesan las pequeñas salas independientes con personalidad propia, alojadas en elegantes galerías acristaladas o en calles secundarias.

Fiestas y celebraciones

Ni siquiera el variable tiempo es capaz de alterar los planes de los belgas cuando se disponen a celebrar algo. Bruselas y Brujas tienen una diversa agenda de festejos, sobre todo a mediados de año. Con la corta distancia entre ambas, nunca se está muy lejos de alguna celebración.

Magia navideña

Con comida de todo el mundo, puestos de regalos hechos por artesanos, una noria, una pista de hielo y un tren ligero, Plaisir d'Hiver/Winterpret, considerado uno de los mejores mercados navideños de Europa, hará que hasta los más reticentes disfruten de la Navidad.

Procesión de la Santa Sangre

Celebrada en Brujas el día de la Ascensión, esta gran procesión

católica se remonta a la Edad Media y gira en torno a una tela supuestamente manchada con la sangre de Cristo, que llegó a Flandes en el s. XII.

Información

Además de las webs de las oficinas de turismo, un buen recurso para estar al tanto de la oferta actual es *Agenda* (bruzz.be/select), una animada revista publicada todas las semanas en inglés, francés y flamenco.

Las fechas de muchas fiestas varían de un año a otro; consúltense sus webs.

Los mejores festivales de música

Ars Musica (arsmusica.be; Bruselas; mar) Engancha con su oferta de música contemporánea.

Les Nuits Botanique (botanique.be; Bruselas; may) 15 noches de *rock, reggae, ska, hip-hop*, electrónica, folk, rap, *blues* y más, en el Jardin Botanique.

Couleur Café Festival (couleurcafe.be; Bruselas; fin jun) Festival de músicas

CREDIT

del mundo y danza con presencia de grandes figuras internacionales; dura tres días.

Musica Antiqua (mafestival.be; Brujas; ago) Festival de música antigua que, además de recitales, programa talleres, p. ej. de mantenimiento de clavecín.

Los mejores festivales de comida y bebida

StrEat Fest (streatfest.be; Bruselas; may) El complejo Tour & Taxis permite disfrutar de las dotes culinarias de chefs y especialistas en comida callejera.

Belgian Beer Weekend (belgianbrewers.be; Bruselas; sep) Una legión de puestos de cerveza y parafernalia cervecera invade la Grand Place. La entrada es gratis, y los precios, razonables.

Lo mejor de lo demás

Ommegang (ommegang. be; Bruselas; jul; en la foto) Procesión medieval que sale de la Place du Grand Sablon y concluye con danzas en una iluminada Grand Place.

Jazz Weekend (lotto brusselsjazzweekend.be; Bruselas; may) Festival gratuito de tres días; desde

artistas de relumbrón en grandes escenarios a actuaciones en *cafés*.

Comic Strip Festival (comicstrip.be/en/event/ bd-comic-strip-festival/; Bruselas; sep) Encuentro con algunos de los artistas e historietistas de cómics más célebres del país.

Museos y galerías

Bruselas y Brujas poseen una rica tradición artística. No faltan esculturas irreverentes y murales asociados al mundo del cómic. El movimiento artístico que mejor capturó el sentido belga por lo absurdo fue el surrealismo, y a la cabeza de este se situó René Magritte, cuyos hombres con bombín son un símbolo nacional.

Arte belga

La distinción entre pintores holandeses y flamencos no se produjo hasta finales del s. XVI. Los artistas conocidos hasta entonces como flamencos primitivos eran quienes contrataban los nobles para documentar sus vidas, época y religión, influyendo así en el arte europeo. En este sentido Pieter Brueghel el Viejo y sus hijos Pieter el Joven y Jan contribuyeron enormemente al panorama artístico del s. XVI. Pieter Paul Rubens (1577-1640), nacido en Alemania, regresó a Amberes, ciudad natal de sus padres, y empleó los estilos flamenco e italiano para crear sus obras religiosas seminales y sus voluptuosos desnudos.

Siglos después, el maestro surrealista René Magritte (1898-1967) supo combinar sueño y realidad, y tanto sus icónicos hombres con bombín como sus objetos flotantes siguen suscitando fascinación.

Arte contemporáneo

Bélgica posee una potente escena de arte contemporáneo. Destacan Panamarenko, cuyas insólitas esculturas y cuadros fusionan artilugios voladores reales e imaginarios; Jan Fabre, famoso por su arte con bolígrafo (o "arte Bic"); Luc Tuymans, autor de poderosas pinturas de temática política, y Eddy Stevens, que combina elementos del refulgente realismo rubensiano con giros surrealistas.

CREDIT

Los mejores flamencos primitivos

Groeningemuseum
Sublimes obras de maestros de la pintura al óleo. (Brujas; p. 58)

Museum Sint-Janshospitaal Seis joyas del gran Hans Memling. (Brujas; p. 60)

Musée Royaux des Beaux-Arts (MRDBA) Maravillosa muestra de Van der Weyden y otros. (Bruselas; p. 110)

Los mejores museos especializados de Brujas

Concertgebouw Sensacionales muestras de imagen y sonido pensadas para disfrutarse en el circuito autoguiado del auditorio. (p. 76)

Volkskundemuseum Sugerente museo popular en un antiguo *godshuis* (hospicio). (p. 47)

Choco-Story Todo lo que hay que saber acerca del chocolate. (p. 48)

Los mejores museos especializados de Bruselas

Musée des Sciences Naturelles Ciencias y dinosaurios. (p. 134; en la foto)

Musée Magritte Diversión surrealista, desde cuadros y películas a fotos y bocetos. (p. 111)

Musée BELvue Recorrido por la historia belga. (p. 117)

Musée Art & Histoire Desde sarcófagos del Antiguo Egipto a piezas *art nouveau* y *art déco*. (p. 130)

Arquitectura

Las cautivadoras mezclas de estilos arquitectónicos de Bruselas y Brujas hacen que la arquitectura sea uno de los grandes alicientes para muchos visitantes. Y van surgiendo edificios rompedores, como la Concertgebouw, el fascinante auditorio en ladrillo rojo de Brujas.

PECOLD/SHUTTERSTOCK ©

Circuitos

ARAU (Atelier de Recherche et d'Action Urbaines; arau.org) es un grupo de vecinos que vela por el patrimonio invita a conocer la arquitectura local de manera personal y cercana.

La mejor arquitectura 'art nouveau'

Edificio Old England Antes sede de unos grandes almacenes, hoy es un bello hogar para el Musée des Instruments de Musique. (Bruselas; p. 112)

Centre Belge de la Bande Dessinée Museo del cómic alojado en un encantador edificio de Victor Horta. (Bruselas; p. 86)

Maison Cauchie Glamur modernista en el barrio de la UE. (Bruselas; p. 136; en la foto)

Las mejores iglesias

Onze-Lieve-Vrouwekerk Enorme iglesia del s. XIII con una estatua de Miguel Ángel. (Brujas; p. 69)

Cathédrale des Saints Michel et Gudule Imponente, con reminiscencias de Notre Dame de París. (Bruselas; p. 90)

Lo mejor de lo demás

Belfort Asombroso y enorme campanario. (Brujas; p. 39)

Grand Place Ribeteada de espléndidos edificios con gablete. (Bruselas; p. 84)

Galeries St-Hubert Refinada galería comercial bajo un techo de cristal. (Bruselas; p. 90)

Edificio Berlaymont En forma de estrella, es la sede de la Comisión Europea. (Bruselas; p. 136)

Viajeros LGTBIQ+

Bruselas es un imán para la comunidad LGTBIQ+ belga. La actitud hacia los gais es, en general, relajada y tolerante, y la legislación, progresista en cuanto a sus derechos: las parejas del mismo sexo pueden casarse y adoptar hijos, mientras que el trámite para que las personas trans cambien su género y nombre es sencillo.

ALEXANDROS MICHAILIDIS/SHUTTERSTOCK ©

Eventos

La cita gay más legendaria es la La Démence, celebrada cada mes en La Fuse, donde acuden chicos guapos con ganas de fiesta de toda Europa. El festival de cine Pink Screens (p. 148) tiene lugar a mediados de noviembre, y la fiesta del Orgullo (p. 148) invade la capital en mayo.

Panorama

Los bares de ambiente se concentran en el pujante Rainbow Quarter, el céntrico barrio delimitado por Rue du Marché au Charbon, Rue des Pierres y Rue de la Fourche. La oferta en Brujas es más limitada. La oficina de turismo tiene una lista de locales gais. Una web excelente para todo lo relacionado con cuestiones LGTBIQ+ en Bélgica es lumi.be; está en flamenco, pero es bastante fácil de navegar y propone decenas de locales repartidos por todo el país. Otra web es travelgay.com.

Los mejores locales LGTBIQ+ de Bruselas

Chez Maman Acoge el espectáculo de *drags* preferido de la capital. (p. 101)

Le Belgica Los DJ transforman un *bruin café* de la década de 1920 en uno de los bares de ambiente más populares de Bruselas. (p. 99)

Fuse Celebra una vez al mes la épica noche gay La Démence. (p. 121)

Cabaret Mademoiselle El cabaré más picante de Bruselas. (p. 100)

Mercados

Bruselas y Brujas abarcan un amplísimo espectro, desde elegantes mercados de antigüedades y ferias de cerámica, cristal y muebles a mercadillos repletos de cachivaches y tesoros de segunda mano. También hay multitud de mercados de comida diversa.

TUPUNGATO/SHUTTERSTOCK ©

Comida de mercado

La comida de las gastronetas sabe a gloria en cualquier época del año. Pruébense los tentadores gofres recién hechos y los cucuruchos de patatas fritas con mayonesa.

Mercados navideños

Los mercados más mágicos se montan en Navidad, cuando las centenarias plazas de Bruselas y Brujas se llenan de puestos que venden juguetes hechos a mano, adornos de todo tipo y reconfortantes vasos de vino caliente especiado.

Esculturas de hielo y pistas de patinaje no hacen sino acrecentar su encanto, y normalmente permanecen durante todo diciembre. Para saber dónde se celebran se puede acudir a una oficina de turismo o sencillamente seguir al gentío.

Los mejores mercados

Markt Histórico mercadillo, los miércoles, entre asombrosa arquitectura. (Brujas; p. 38)

Mercadillo de la Place du Jeu-de-Balle Hay codazos por sus baratísimos artículos de liquidación. (Bruselas; p. 122; en la foto)

Mercado de antigüedades de Sablon Cada fin de semana sorprende con sus tesoros. (Bruselas; p. 122)

Mercado de la Place Jourdan Tras hacer la compra no hay como relajarse en la terraza de algún *café*. (Bruselas; p. 139)

Otra cara de Bruselas

Bruselas es una urbe multicultural que, además de acoger instituciones europeas, tiene un animado barrio congoleño y una gran comunidad marroquí. Y, pese a la mala planificación en algunas zonas, también es bastante abarcable a pie. Paseando por los barrios periféricos se encontrarán fantásticos restaurantes y galerías.

POLUDZIBER/SHUTTERSTOCK ©

Una visión distinta

Varios barrios permiten empaparse del multiculturalismo que caracteriza a esta ciudad. En Marolles aún se escucha *brusseleir* (el viejo dialecto de la región) y hay puestos de caracoles que recuerdan el aperitivo callejero favorito de la ciudad de antaño. Ste-Catherine es conocida por sus magníficos restaurantes de pescado y en St-Gilles e Ixelles no faltan atractivos lugares históricos y de moda, así como edificios modernistas.

Lo mejor fuera de ruta

Jeu-de-Balle En el rastro de Marolles priman los vendedores alternativos. (p. 122)

Gare du Midi Enorme mercado dominical lleno de exquisiteces magrebíes y mediterráneas. (p. 125)

Mer du Nord Para comer marisco y pescado en una plaza adoquinada de Ste-Catherine. (p. 92; en la foto)

Visitar Matongé

Llamado así por el barrio de Kinsasa, la capital de la República Democrática del Congo, es uno de los barrios más vibrantes de la capital, con influencias congoleñas, guineanas, camerunesas y senegalesas. Los fines de semana adquieren tintes festivos, pues se llenan las peluquerías, las tiendas de artesanía y los bares y *cafés.* En Longue Vie/Langlevenstraat sirven *mafe* (pollo en salsa de cacahuete) y *moambe* (pescado o pollo a la crema de nuez de palma), con cócteles con ron.

Para niños

Las tiendas de chocolate y los museos tal vez no sean muy para peques, aunque lo pasarán bien igualmente. Brujas carece de lugares específicos para niños, pero con algo de imaginación creerán estar en un castillo de fantasía. Desplazarse entre ambas localidades es sencillo, y los menores de 12 años viajan gratis en el tren pasadas las 9.00.

PETR KOVALENKOV/SHUTTERSTOCK ©

Recomendaciones de viaje

Si bien muchos alojamientos disponen de cunas, hay que reservarlas con antelación. No es buena idea llevar el cochecito, pues los escalones y el empedrado dificultan su manejo. Comer con niños rara vez supone un problema, ni siquiera en establecimientos caros, que en general tienen tronas y, a veces, menús infantiles, aunque conviene cerciorarse previamente. Los niños belgas acostumbran a comportarse bien y se espera que los visitantes hagan lo propio.

Lo mejor en Brujas

Historium Con exposiciones en realidad virtual que suscitarán el interés de los peques por la historia. (p. 39; en la foto)

Choco-Story La única pega de este delicioso museo es el subidón de azúcar. (p. 48)

Bañarse en los canales Darse un chapuzón lanzándose desde una plataforma de madera o nadar entre cisnes. (p. 69)

Bruges Canal Tours Niños y adultos disfrutan por igual de sus mágicos circuitos por los canales medievales. (p. 27)

Lo mejor en Bruselas

Centre Belge de la Bande Dessinée Precioso edificio modernista dedicado al mundo del cómic. (p. 86)

Museé des Sciences Naturelles Pasear entre dinosaurios en un museo espectacular. (p. 134)

Théâtre Royal de Toone Fabuloso teatro de marionetas en un edificio medieval. (p. 100)

Circuitos

Si el tiempo apremia, y no hay inconveniente en dejarse guiar, o si se prefiere probar actividades más específicas (p. ej., en barco o bici), Bruselas y Brujas no defraudarán al viajero.

CATARINA BELOVA/SHUTTERSTOCK ©

Los mejores circuitos en autobús y barco

Bruges Canal Tours (adultos/niños 12/7 €) Es obligado ver la ciudad desde el agua en un paseo en barco de 30 min; salen cada 20 min de los muelles al sur de Markt y Burg. (Brujas)

Legends Walking Tours (legendstours.be/bruges #FreeLegendsTours) Excelentes circuitos gratuitos a pie. (Brujas)

Lamme Goedzak (bootdamme-brugge. be; Noorweegse Kaai 31) Turístico barco de vapor que cubre la travesía de 35 min a Damme. (Brujas)

Quasimodo (quasimodo. be) Circuitos en microbús por varios enclaves de la II Guerra Mundial. (Brujas)

Brussels by Water (brusselsbywater.be) Interesante perspectiva de la capital desde los canales. (Bruselas)

Brussels City Tours (brussels-city-tours.com) Rutas de 3 h a pie y en autobús que recorren desde el Atomium y sedes de la UE a casas modernistas. (Bruselas)

Los mejores circuitos en bicicleta

Quasimundo (quasimundo.eu) Circuitos guiados en bici por la ciudad (2½ h, mañanas) o por Damme hasta la frontera holandesa (4 h, tardes). Alquiler incluido; resérvese con tiempo. (Brujas)

Groovy Brussels Bike Tours (groovybrussels. com/brussels-bike-tour) A muchos primerizos les encanta este circuito por el paseo y por las paradas para tomar cerveza y comer patatas fritas. También hay rutas temáticas en torno al chocolate y la cerveza. (Bruselas)

Pro Velo Alquila bicis convencionales y eléctricas y remolques para niños y, además, dispone de planos.

Turismo responsable

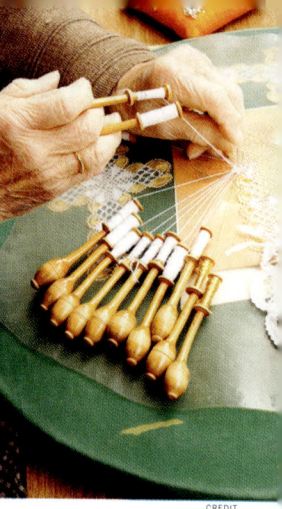

CREDIT

No podría ser más fácil descubrir Brujas en bici o Bruselas a pie. Y, al haber tres trenes cada hora, no se necesita automóvil para viajar entre ambas ciudades. Nada más llegar, lo indicado es subirse a una bici, peinar sus muchas tiendas vintage y deleitar el paladar en alguno de sus cada vez más exitosos restaurantes ecológicos.

Brujas

Visit Brujas ha lanzado la iniciativa Handmade in Brugge (hecho a mano en Brujas) para promover la labor —sostenible, por regla general— de los artesanos locales. Tanto si se buscan gofres caseros, libros encuadernados a mano, cerámica sencilla o artículos tejidos (en la foto arriba izda.), basta hacerse con la guía de bolsillo *Handmade in Brugge* en la oficina de turismo más cercana o seguir los letreros de tiendas y estudios. Un buen punto de

inicio de esta ruta de artesanos es la encantadora Sashuis (sede principal de esta iniciativa), donde se venden productos seleccionados.

Bruselas

Comer y beber son parte fundamental de cualquier viaje a la capital belga. El distintivo GoodFood se le otorga a aquellos establecimientos que siguen prácticas sostenibles, como emplear ingredientes locales o no generar desperdicios. Más información en goodfood.brussels.

También se puede explorar Bruselas con un guía acreditado o con un acompañante oficial (servicio gratuito que permite ver la ciudad desde su visión particular). Detalles en visit.brussels/en/visitors/plan-your-trip/greeters.

Las mejores opciones sostenibles en Brujas

Bacchus Cornelius Pintoresca tienda de cerveza y *jenevers*. (p. 43)

Blackbird Coqueto *café* en Jan Van Eyckplein donde comer delicias sostenibles a base de plantas. (p. 49)

CREDIT

Greens&Beans Elegante cafecito vegano con un coqueto patio ajardinado y tentadora comida. (p. 72)

Jam Jam Konfituur Vende más de un centenar de mermeladas y conservas caseras. (p. 43; en la foto arriba dcha.)

Lee:Loo Promueve el consumo ético con artículos respetuosos con el medioambiente. (p. 43)

Las mejores opciones sostenibles en Bruselas

Entropy Restaurant Alta cocina a base de vegetales. Los beneficios se destinan a luchar contra el desperdicio de comida y la desigualdad social. (p. 96)

Isabelle Bajart Prendas y accesorios (a veces de lujo) de segunda mano cuidadosamente seleccionados. (p. 101)

Mazette Microcervecería y *café* que emplea ingredientes de producción local en platos hechos de cero. (p. 120)

Pêle-Mêle Tebeos, libros, vinilos y videojuegos antiguos. (p. 103)

Veganwaf Versión vegana y sin gluten del tentempié nacional preferido. (p. 95)

Saturación turística

○ Dado que ambas ciudades –y muy especialmente Brujas– suelen abarrotarse de turistas, lo mejor es viajar fuera de temporada, a poder ser entre semana, evitando los meses más cálidos (may-sep) y Semana Santa.

○ Es buena idea pasar unos días en lugares menos conocidos, como Malinas, Lovaina y Namur (cerca de Bruselas) u Ostende y la Reserva Natural de Zwin (cerca de Brujas).

Cuatro días perfectos

Día 1, Bruselas

La ruta arranca en la majestuosa **Grand Place** (p. 84). Se exploran el **Museo de la Ciudad** (p. 91) y las **Galeries St-Hubert** (p. 90; en la foto) antes de recalar en la **Cathédrale des Saints Michel et Gudule** (p. 90).

Tras comer con vistas en **albert** (p. 120), se dedica un par de horas al **MIM** (p. 112) para, luego, dar un garbeo por el **Parc de Bruxelles** (p. 116) y terminar cenando la especialidad local en **In't Spinnekopke** (p. 96).

Como alternativa se puede tomar el ascensor acristalado junto al **Palais de Justice** (p. 118) y mimarse con una experiencia epicúrea única en la elogiada **La Bonne Chère** (p. 120), en Marolles.

Día 2, Bruselas

Una vez vistas *boutiques,* como **Stijl** (p. 103), de Rue Antoine Dansaert, se visita el **Musée Mode & Dentelle** (p. 90), de la moda y el encaje.

Luego, se enfila al **Musée Art & Histoire** (p. 130), la **Casa de la Historia Europea** (p. 134) y el **Musée des Sciences Naturelles** (p. 134), o se profundiza en la UE en el **Parlamentarium** (p. 134). Para relajarse, cabe visitar el **Parc du Cinquantenaire** (p. 128; en la foto).

La velada empieza en **Le Cirio** (p. 96) y, después, se asiste a un espectáculo de marionetas en el **Théâtre Royal de Toone** (p. 100), o cenando con música en vivo en **Music Village** (p. 100) o **BOZAR** (p. 121), antes de tomarse un cóctel en **L'Archiduc** (p. 99). La noche termina en la **Grand Place** (p. 84).

Día 3, Brujas

Se comienza paseando junto a la **lonja de pescado** (p. 55) y por los canales. Se sube a **Belfort** (p. 39) por sus vistas (en la foto) y se visitan la **Basiliek van het Heilig Bloed** (p. 41) y la reliquia más sagrada de la ciudad.

Tras almorzar en **De Belegde Boterham** (p. 50), se admira arte belga en el **Groeningemuseum** (p. 58) y, después, se pasea sin prisas por **Begijnhof** (p. 69), con una encantadora casa-museo. También se puede hacer una visita guiada de la **Brouwerij De Halve Maan** (p. 69), la cervecera que fabrica la Brugse Zot.

Se puede cenar en el glamuroso **Le Mystique** (p. 49), para concluir en el **Café Vlissinghe** (p. 51), el *pub* más antiguo de la ciudad.

Día 4, Brujas

Por la mañana se pasea por el barrio de St-Anna, con parada en la **Jeruzalemkerk** (p. 46) y el **Volkskundemuseum** (p. 47). Luego, almuerzo en el *pub* **De Windmolen** (p. 52), donde se ve un molino en funcionamiento, antes de ir a ver el **Museum Sint-Janshospitaal** (p. 60) y las célebres obras de Hans Memling.

Tras pasear por **Minnewater Park** (p. 65; en la foto), se toma un aperitivo en el patio de **De Stoepa** (p. 72) para, luego, cenar en **L'Estaminet** (p. 75) (con reserva).

Se asiste a un espectáculo en la **Concertgebouw** (p. 76); como colofón se da un romántico paseo bajo las farolas de gas de camino a **De Republiek** (p. 53) para la última.

Lo esencial
Para más información, véase 'Guía práctica' (p. 143)

Moneda
Euro (€)

Idiomas
Flamenco en Brujas; flamenco y francés en Bruselas.

Visados
Los viajeros de la UE pueden permanecer indefinidamente.

Dinero
Casi todos los lugares aceptan tarjetas de crédito y hay multitud de cajeros automáticos.

Teléfonos móviles
A los visitantes de fuera de la UE se les recomienda hacerse con una tarjeta SIM local. Los viajeros comunitarios pueden usar su móvil como si estuvieran en casa.

Hora
Hora central europea (GMT/UTC +1)

Propinas
No son obligatorias ni en restaurantes ni en bares ni en taxis.

Presupuesto diario

Económico: menos de 100 €
Cama en dormitorio compartido (desayuno incl.): 26-40 €

Almuerzo entre semana: 10-15 €

Billete de tren: 10 €

Entrada a un museo: 5-20 €

Cerveza: 2,8-5 €

Trayecto corto en bicicleta de alquiler: 2 €

Medio: 150-300 €
Habitación doble en B&B u hotel de gama media: 90-140 €

Alquiler de coche diario: 30-40 €

Menú de dos platos con vino para dos: 90-120 €

Alto: más de 300 €
Habitación doble en hotel de categoría superior o en B&B de nivel: 140-300 €

Cócteles: 9-20 €

Menú degustación con vino para dos: 180-350 €

Antes de partir

Tres meses antes Viajar es más barato si se reserva con tiempo, sobre todo en tren y en avión.

Un mes antes Reservar hotel en Brujas y mesa en restaurantes de lujo en ambas ciudades.

Dos semanas antes Reservar una visita guiada con Brussels Greeter.

Una semana antes Hacer una lista con aquello que se quiere ver/hacer.

Unos días antes Comprar entradas de conciertos y teatro.

Cómo llegar a Bruselas y Brujas

✈ Aeropuerto de Bruselas

Una red de trenes y autobuses recibe al viajero; se llega rápido al centro con el Airport City Express, un tren que va a Bruxelles-Central (10,30 €, 20 min).

✈ Aeropuerto de Charleroi

Junto a la terminal hay autobuses que llevan al centro (17,90/35,80 € ida/ida y vuelta; 1½ h).

🚉 Bruxelles-Midi

Los trenes de alta velocidad Eurostar y TGV y los autobuses internacionales paran en esta terminal, desde donde se puede tomar el metro.

🚉 Bruxelles-Nord

Conectada por metro, recibe el servicio de autobuses procedentes de Londres.

🚉 Estación central de Brujas

Al sur de Markt, contigua a un intercambiador utilizado por servicios nacionales e internacionales de autobuses.

Cómo desplazarse

🚗 Automóvil y motocicleta

Convienen evitarse en ambas ciudades.

🚲 Bicicleta

En Bruselas hay carriles-bici, algunos segregados. Brujas es menos adecuada para ir en bici.

🚊 Transporte público

STIB/MIVB (stib.be) gestiona la red de autobuses, tranvías y metro de la capital, que funciona de 6.00 a 24.00. DeLijn (delijn.be/en) opera los buses urbanos de Brujas, que circulan de 5.30 a 23.00.

🚗 Taxis

Los taxis oficiales tienen taxímetro y tarifas fijas. En Bruselas funcionan plataformas como Uber y Bolt.

Barrios de Brujas

Markt, Burg y norte de Brujas (p. 37)

Dos espectaculares plazas conectadas entre sí, para un primer contacto con la ciudad medieval, abrazadas por encantadoras callejas.

Markt ◉ ◉ Burg

Gruuthusemuseum ◉ ◉ Groeningemuseum

◉ Museum Sint-Janshospitaal

Sur de Brujas (p. 57)

Concentra los principales museos, con excelentes colecciones de los flamencos primitivos. El Begijnhof es un magnífico lugar de relax.

Explorar
Brujas

Cuesta imaginar que alguien pudiera diseñar una ciudad medieval más evocadora que el centro de Brujas (Brugge en flamenco), uno de los cascos antiguos mejor conservados de Europa, con calles empedradas y canales de ensueño, fotogénicas plazas con mercados y bordeadas de altas torres, iglesias históricas y una antología de centenarias edificaciones.

Explorar

Markt, Burg y norte de Brujas

Circundado por un canal, el centro de Brujas se localiza en Markt y Burg. Aquí se agrupa el grueso de los atractivos medievales de la localidad, pese a que buena parte de su encanto consiste en deambular por su maraña de callejas y canales, cuya belleza alcanza su cénit al ocaso, cuando el empedrado y el agua se dejan acariciar por la luz de la luna y de las lámparas de gas.

Lo esencial

○ **Belfort (p. 39)** Imponente torre medieval que se cierne sobre la ciudad proporcionando vistas épicas y armoniosos repiques desde su campanario.

○ **Historium (p. 39)** Sus ineludibles relatos audiovisuales saben despertar el interés de los pequeños por la enrevesada historia de la ciudad.

○ **Brugse Vrije (p. 41)** Este antiguo y ornamentado juzgado con gabletes es uno de los edificios más vistosos.

○ **Stadhuis (p. 41)** Dentro de un edificio de 1420 aguarda la ricamente adornada Gotische Zaal y una sensacional exposición sobre la acuosa geografía local.

Cómo llegar y desplazarse

🚌 Cualquier autobús con el letrero de "Centrum" lleva a Markt desde la estación de trenes de Brujas.

🚶 Tras salir de la estación, cabe seguir a las huestes por la arbolada ruta que cruza el parque Koning Albert I (1,5 km).

Plano de la zona en p. 44.

Stadhuis (p. 41). SHARON LAPKIN/GETTY IMAGES ©

Las mejores experiencias 📷
Empaparse de la magia de Markt

🎯 PLANO P. 44, D4

*Flanqueada de edificios medievales con gablete
y rodeada de terrazas, esta espléndida plaza
del mercado constituye el centro neurálgico
de Brujas. Los carruajes de caballos repiquetean
frente a restaurantes al fresco y turistas cámara
en mano, bajo el espectacular e incólume Belfort
y ante la estatua con verdín de Pieter de Coninck
y Jan Breydel, los cabecillas de la revuelta
desencadenada tras los Maitines de Brujas.*

Belfort

El principal símbolo de Brujas es este **campanario** (visitbruges.be/nl/wat-te-doen/cultuur-en-erfgoed/belfort; foto) del s. XIII, protegido por la Unesco, que se eleva 83 m sobre Markt. Al remontar sus 366 escalones se pasa junto al tesoro, la campana triunfal y un carillón manual de 47 campanas, cuyo tañido se oye en toda la ciudad. Desde lo alto se atisban las agujas y los tejados de teja roja, con las turbinas eólicas y las grúas de Zeebrugge en lontananza.

Historium

Este **centro** (historium.be) ocupa un sublime edificio neogótico en el lado norte de la plaza. Se trata de una experiencia multimedia que hace que el visitante retroceda a 1435, de ahí que más que un museo parezca una película medieval. Tiene, además, la capacidad de suscitar el interés de los adolescentes con un relato de amor ficticio que traza la historia de la ciudad. Entre otras cosas, se puede curiosear en una simulación del estudio de Jan van Eyck.

Markt

Esta histórica **plaza** sigue siendo el emplazamiento elegido para montar los miércoles por la mañana un importante mercado de alimentación que se llena de lugareños y turistas en busca de quesos, embutidos, carnes asadas, frutas, hortalizas y plantas. Una furgoneta vende gofres auténticos y el fotogénico Belfort asoma señoreándolo todo.

Eiermarkt

Esta **placita** contigua a Markt, al norte, se identifica por una columna de piedra rematada por leones. Alrededor hay varios bares y cafeterías algo más económicos y menos concurridos que los de la plaza de Markt.

★ Consejos

o Si se prevé hacer mucho turismo sale a cuenta comprar la tarjeta Musea Brugge.

o No hay que irse sin ver la plaza de noche, cuando se ilumina y está mucho más tranquila.

o Los paseos en carruaje (60 €, hasta 5 personas) salen de Markt y duran 30 min, con parada en el Begijnhof (p. 69).

o En verano se puede asistir a los conciertos gratuitos de carillón en el patio del Belfort y a actuaciones de bandas de metales en Markt.

✕ Una pausa

Probar un amplio surtido de cervezas belgas en Rose Red (p. 52), en la cercana Cordoeaniersstraat; se especializa en variedades trapenses.

Los más sibaritas quedarán prendados del grandilocuente Le Mystique (p. 49).

Las mejores experiencias

Descubrir el arte y la arquitectura de Burg

*Al este de Markt se halla la encantadora Burg,
centro administrativo de Brujas desde hace siglos. En su plaza, dominada por el Stadhuis (ayuntamiento) y el Brugse Vrije, se suelen presentar
instalaciones de arte público que contrastan con
el entorno medieval. El flanco sur de Burg incor-
pora tres formidables fachadas interconectadas
que deslumbran con su ornamentación dorada.*

◎ PLANO P. 44, E4

Brugse Vrije

Engalanado con gabletes barrocos y estatuillas doradas, este llamativo **edificio** fue en tiempos la sede del Franconato de Brujas, encargado de controlar entre 1121 y 1794 el gran territorio autónomo que rodeaba a la ciudad. Aún alberga oficinas municipales, pero es posible visitar el Renaissancezaal, con una espectacular chimenea tallada de 1531. Yendo por la bella Blinde Ezelstraat se encontrará un fotogénico enclave junto al canal, entre el Brugse Vrije y el Stadhuis.

Stadhuis

El embriagador **Stadhuis** (ayuntamiento; visit bruges.be/en/stadhuis-city-hall), de 1420, luce una antojadiza fachada llena de réplicas de condes y condesas de Flandes (las originales fueron destruidas por soldados franceses en 1792). Dentro, una audioguía explica sus muchos retratos antes de subir hacia el impresionante Gotische Zaal, un fabuloso salón con techos policromados y abovedados y murales de episodios históricos. En una sala contigua, una exposición de realidad aumentada (fruto de las investigaciones realizadas por la Universidad de Gante) ilustra con sumo dinamismo la cambiante y a veces azarosa relación de la ciudad con el mar.

Basiliek van het Heilig Bloed

El extremo occidental del Stadhuis se funde con la **Basiliek van het Heilig Bloed** (basílica de la Santa Sangre; holyblood.com; foto), que debe su nombre a unas gotas de sangre, según dicen pertenecientes a Cristo, que fueron traídas aquí en un frasco tras las Cruzadas del s. XII. La puerta de la derecha conduce a una colorida capilla donde se esconde la reliquia tras un ostentoso tabernáculo de plata.

★ Consejos

o La reliquia de la basílica de la Santa Sangre es una ampolla con gotas de la sangre de Cristo que se muestra todos los días (14.00) para su veneración; se exige mantener el decoro y permanecer en silencio.

o Burg ofrece su versión más sosegada y atractiva al caer la noche.

o Cruzando el puente al sur de Burg se llega al encantador edificio del Vismarkt (p. 55), de 1821, donde casi todas las mañanas abren puestos de pescado y, más tarde, vendedores de artesanía y baratijas.

✗ Una pausa

El microscópico De Garre (p. 51), en una calleja entre Markt y Burg, es una buena cervecería de ambiente local.

Opus Latino (p. 51) es un lugar recomendable para un bocado ligero con vistas al canal.

Circuito a pie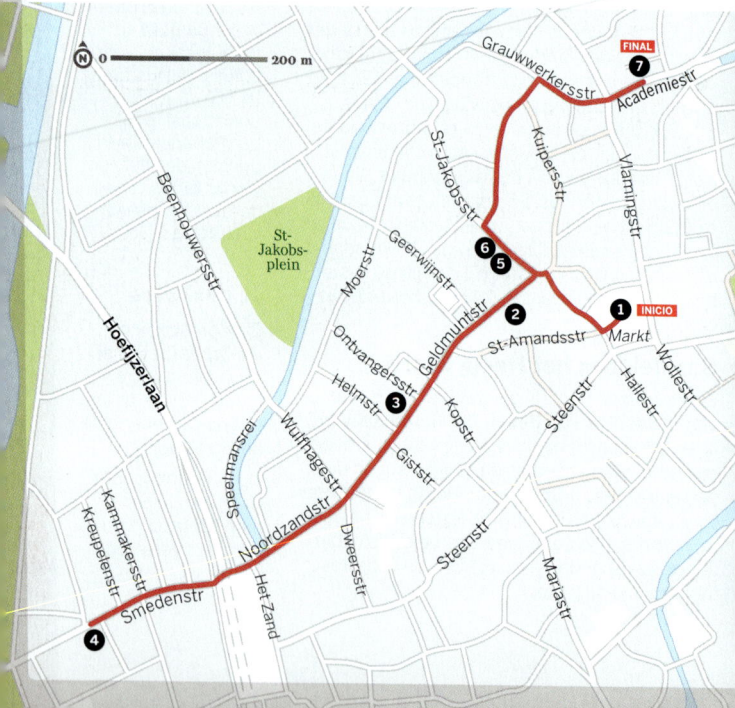

De compras por el centro

Aunque el centro de Brujas a veces parezca una amalgama de puestos de gofres y patatas fritas, vale la pena recordar que es un sitio real donde reside gente que a diario hace la compra y sale a comer o a tomar algo. Es, en definitiva, el lugar perfecto para quienes busquen cervezas interesantes, quesos, embutidos, ropa vintage o curiosidades varias.

Datos

Inicio Markt
Final Bacchus Cornelius
Distancia 2,2 km; 2-3 h

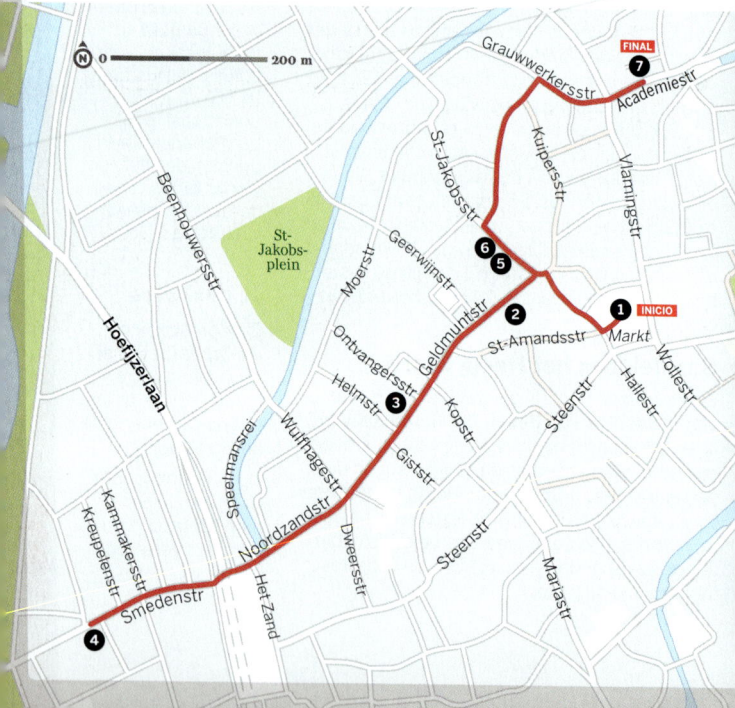

❶ Markt

Markt (p. 38), meollo turístico de Brujas, suele ponerse a rebosar de coches de caballos y grupos de turistas, salvo los miércoles, cuando de 10.00 a 13.00 se instala un fantástico mercado de comida donde no faltan quesos, embutidos, fruta fresca...

❷ Diksmuids Boterhuis

Engalanada con volantes de guinga rojiblancos y repleta de embutidos colgados del techo, esta hermosa **tienda de ultramarinos** clásica (diksmuidsboterhuis.be) lleva vendiendo quesos, miel, charcutería y mostaza desde 1933.

❸ L'Héroïne

L'Héroïne (lheroine.be) seduce con prendas de diseñadores belgas consolidados como Dries Van Noten y Ann Demeulemeester, y de talentos prometedores como Christian Wijnants. Hay, además, preciosos vestidos de seda estampados, exquisitos echarpes y pañuelos, y moda asimétrica. El personal ayudará, encantado, a combinar sus confecciones únicas para lograr un *look* distintivo.

❹ Jam Jam Konfituur

Deleitar la vista con las mermeladas y *chutneys* caseros de esta rústica **tienda** (jamjam.be) con estanterías llenas de tarros hasta el techo y un interminable abanico de sabores, como higo, pera y nueces, y fresas y champán.

❺ Lee:Loo

El consumo con conciencia ética es la máxima de la extravagante **Lee:Loo** (leeloo.be), con moda y accesorios respetuosos con los animales, libros, música, arte y artículos de higiene personal de fabricación vegetal. Genial selección de gorritos de lana y de originales camisetas de algodón.

❻ Think Twice Vintage

Pegado a Loo queda **Think Twice Vintage** (p. 55), parada obligada para los amantes de la ropa de segunda mano.

❼ Bacchus Cornelius

Cuando los brujenses desean tomar algo especial van al **Bacchus Cornelius** (bacchuscornelius.com), con unas 450 cervezas y raras variedades *gueuzes* (lámbicas), además de *jenevers* (ginebras) y licores macerados con flor de sauco, arándanos rojos y cerezas. Pídase a la dueña probar su sedosa ginebra casera a base de chocolate.

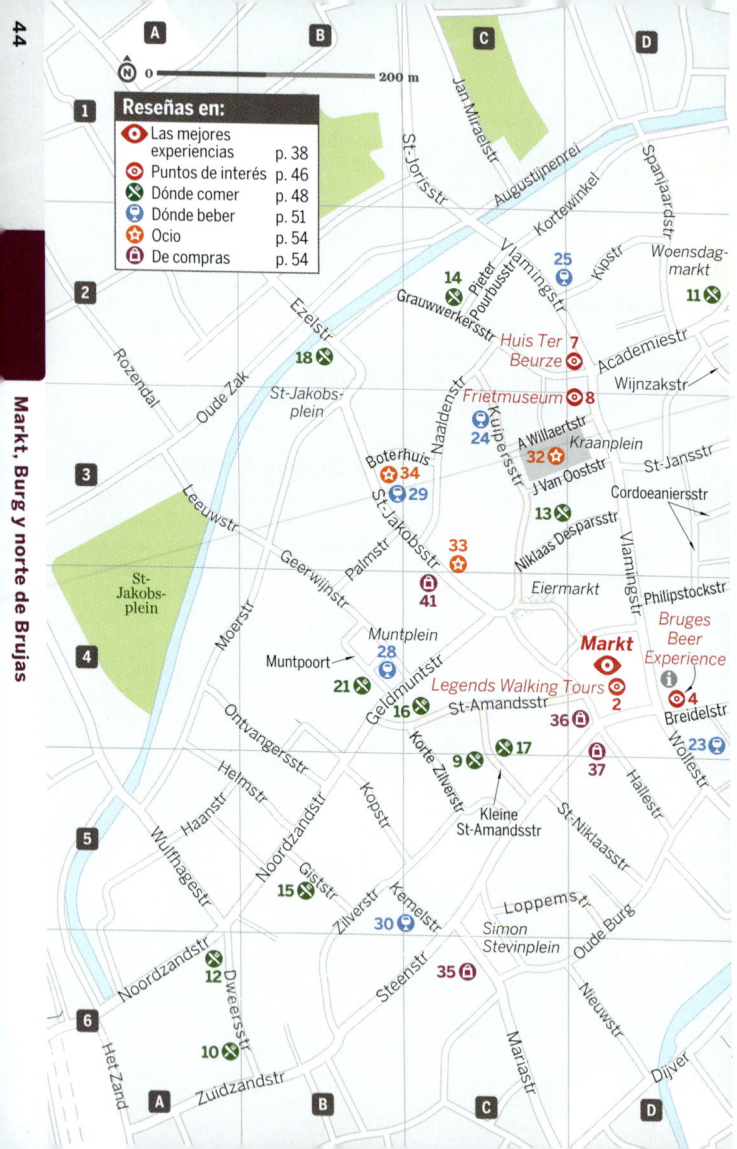

Markt, Burg y norte de Brujas

Reseñas en:

Las mejores experiencias		p. 38
Puntos de interés		p. 46
Dónde comer		p. 48
Dónde beber		p. 51
Ocio		p. 54
De compras		p. 54

0 — 200 m

St-Jorisstr
Jan Miraelstr
Augustijnenrei
Kortewinkel
Spanjaardstr
Woensdag-markt
Vlamingstr
Kipstr
Pieter Pourbusstr
Grauwwerkersstr
25
11
14
Academiestr
Ezelstr
Huis Ter Beurze 7
Wijnzakstr
18
Naaldenstr
Frietmuseum 8
St-Jakobs-plein
Kuipersstr
24
A Willaertstr
Kraanplein
Boterhuis
32
St-Jansstr
Rozendal
Oude Zak
34
J Van Ooststr
Cordoeaniersstr
29
St-Jakobsstr
13
Niklaas Desparsstr
Leeuwstr
33
Eiermarkt
Vlamingstr
Geerwijnstr
Palmstr
41
Philipstockstr
St-Jakobs-plein
Muntplein
Markt
Bruges Beer Experience
Moerstr
28
Muntpoort
Legends Walking Tours
4
Breidelstr
21
16
St-Amandsstr
2
Ontvangerstr
Geldmuntstr
36
23
Wollestr
Helmstr
9
17
37
Hallestr
Haanstr
Korte Zilverstr
Kleine St-Amandsstr
St-Niklaasstr
Wulfhagestr
Noordzandstr
Gistr
Kopstr
Loppemsstr
15
Zilverstr
Kemelstr
Simon Stevinplein
Oude Burg
30
Noordzandstr
12
Dweersstr
35
Steenstr
Nieuwstr
10
Zuidzandstr
Mariastr
Het Zand
Dijver

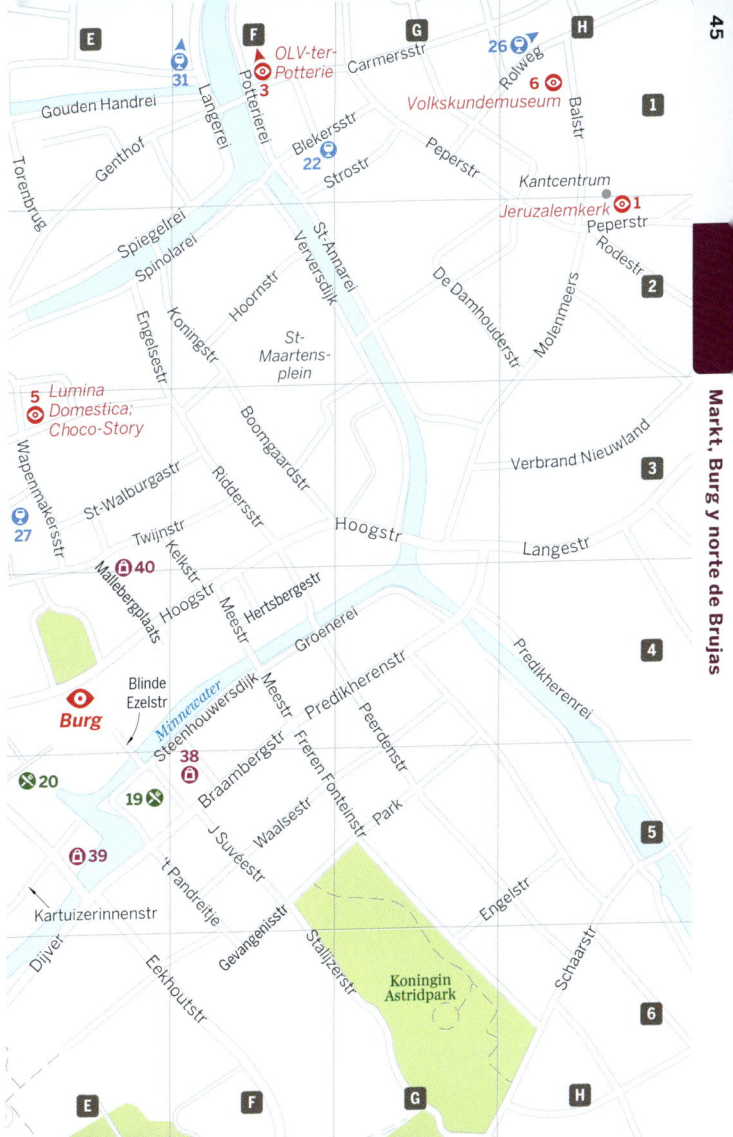

E

F OLV-ter-Potterie

G Carmersstr

H

31

Gouden Handrei

Langerei

Potterierei

3

Blekersstr

22 Strostr

26 Rolweg

6 Volkskundemuseum

Balstr

1

Torenbrug

Genthof

Peperstr

Kantcentrum

Jeruzalemkerk **1**

Peperstr

Rodestr

Spiegelrei

St-Annarei

Verversdijk

Spinolarei

Hoornstr

De Damhouderstr

Molenmeers

2

Engelsestr

Koningstr

St-Maartens-plein

5 Lumina Domestica; Choco-Story

Boomgaardstr

Verbrand Nieuwland

3

St-Walburgastr

Ridderstr

Hoogstr

Langestr

27

Twijnstr

Kelkstr

Meestr

Hertsbergestr

Hoogstr

40

Mallebergplaats

Groenerei

Predikherenrei

4

Blinde Ezelstr

Minnewater

Steenhouwersdijk

Meestr

Predikherenstr

Peerdenstr

Park

Burg

20

38

Braambergstr

Freren Fonteinstr

19

J. Suvéestr

Waalsestr

5

39

't Pandreitje

Gevangenisstr

Stalijzerstr

Engelstr

Kartuizerinnenstr

Dijver

Eekhoutstr

Koningin Astridpark

Schaarstr

6

E

F

G

H

KIT LEONG/SHUTTERSTOCK ©

Jeruzalemkerk.

Puntos de interés

Jeruzalemkerk
IGLESIA

1 PLANO P. 44, H2

En la finca **Adornesdomein** se encuentra una de las iglesias más antiguas de la ciudad, erigida en el s. xv por la familia Adornes. Supuestamente inspirada en la iglesia del Sagrado Sepulcro de Jerusalén, se trata de un macabro monumento con un espeluznante retablo cubierto de calaveras y, en la pequeña capilla posterior, una efigie del cadáver de Cristo. La entrada al templo incluye el acceso a un pequeño museo que se halla repartido en varias de sus atractivas *godshuizen* (casas de beneficencia). (adornes.org/en)

Legends Walking Tours
CIRCUITO A PIE

2 PLANO P. 44, D4

Empresa muy valorada que ofrece varios circuitos a pie gratuitos, de éxito contrastado, ideales para orientarse antes de ver la ciudad por libre. Hay que reservar plaza con antelación y hay varias salidas al día. Parten de la estatua de Markt (p. 38); búsquese el paraguas rojo. (legendstours.be/bruges #FreeLegendsTours)

OLV-ter-Potterie
MUSEO

3 PLANO P. 44, F1

La visita a esta pequeña iglesia-hospital es gratis con la entrada al museo del St-Janshospitaal (p. 60). Hay que tocar el timbre para admirar sus magníficas piezas de los ss. xv y xvi. La iglesia, de exuberante barroco, contiene el relicario de san Idesbaldo y un policromado relieve de madera de María amamantando al Niño. Siglos más tarde, el pezón de la Virgen se camufló desvirtuando por completo la imagen. (Nuestra Señora de la Alfarería; www.museabrugge.be/es)

Bruges Beer Experience MUSEO

4 🎯 PLANO P. 44, D4

La atracción más nueva de Markt encandilará a los más cerveceros. Con ayuda de una aplicación multilingüe para iPad, el museo repasa la historia de la cerveza, su proceso de elaboración y los distintos tipos que hay. El precio incluye tres catas o, si se prefiere, un descuento en la entrada. Dispone de tienda de regalos. (bruges beermuseum.com)

Lumina Domestica MUSEO

5 🎯 PLANO P. 44, E3

El revelador Museo de las Lámparas Domésticas exhibe más de 6500 objetos ligados a la iluminación en los hogares a lo largo de la historia, lo que lo convierte en la mayor colección mundial de este tipo. Arroja luz sobre la historia de la humilde lámpara y trata de sensibilizar sobre el consumo y el ahorro energético. (Domestic Lamp Museum; luminadomestica.be)

Volkskundemuseum MUSEO

6 🎯 PLANO P. 44, H1

En este evocador museo popular, 18 escenas temáticas ilustran la vida flamenca de antaño, incluida una tienda de golosinas que data de la década de 1930, el taller de un sombrerero y una cocina tradicional. Pese a su falta de dinamismo, ocupa una atractiva casa encalada, y su *café*-museo **De Zwarte Kat** (📞 050-44 87 43), anclado en el tiempo, tienta con una atinada selección de cervezas. Son dignas de verse las muestras temporales expuestas escaleras arriba. El primer y tercer jueves de cada mes hacen piruletas como las de antes. (Museo de la Vida Popular; visitbruges.be/en/things-to-do/culture-and-heritage/volkskunde museum-folk-museum)

Huis Ter Beurze.

Huis Ter Beurze   EDIFICIO NOTABLE

7 ⊙ PLANO P. 44, D2

Se cree que la primera Bolsa de valores del mundo hunde sus orígenes en esta alargada construcción del s. XIII: un espacio cerrado al público, utilizado para actos privados. (Antigua Bolsa; ☎050-33 33 83)

Choco-Story   MUSEO

El entretenidísimo museo del chocolate (véase **5** ⊙) documenta la historia del grano de cacao desde su uso como moneda para los aztecas. El visitante podrá conocer su historia, ver un vídeo sobre su producción y probar un praliné hecho a la vista (última demostración 16.45). Sale a cuenta la entrada combinada con otros museos; más detalles en la web. (choco-story.be)

Frietmuseum   MUSEO

8 ⊙ PLANO P. 44, D3

Traza la historia de la patata desde sus orígenes incas a su salto a las freidoras belgas. Con la entrada se obtiene un vale descuento para la *frituur* del sótano (freiduría; 11.00-15.00), donde aseguran –carentes de modestia– servir las mejores patatas fritas del mundo. Reviste especial interés el edificio que ocupa (con un gablete arqueado de 1399), utilizado primero por comerciantes genoveses y luego por tejedores locales. (frietmuseum.be)

Dónde comer

De Stove   INTERNACIONAL €€

9 🍴 PLANO P. 44, C5

Con apenas un puñado de mesas, esta apacible joya local se especializa en fresquísimo pescado pero

---

La masacre de los Maitines de Brujas

La creciente riqueza de los gremios medievales de Brujas, sumada a sus pretensiones autonomistas, generaron tensiones políticas con los señores franceses. En 1302, cuando los gremios se negaron a pagar una nueva subida de impuestos, los franceses enviaron 2000 soldados. Sin dejarse intimidar, Pieter de Coninck y Jan Breydel, decanos de los gremios de tejedores y carniceros, respectivamente, encabezaron la revuelta de los Maitines de Brujas (Brugse Metten). En la madrugada del 18 de mayo, varios miembros de los gremios mataron a todo aquel incapaz de pronunciar correctamente la expresión flamenca *"schild en vriend"* (escudo y amigo). El apoyo a su causa desencadenó una rebelión por todo Flandes que, seis semanas después, se materializaría en una efímera victoria flamenca en la batalla de las Espuelas Doradas, cerca de Cortrique, tras la cual Flandes disfrutó de un breve período de independencia.

sin olvidarse de la carne. Todo es casero y, pese a no parar de recibir elogios, ha sabido conservar su agradable esencia familiar. (restaurantdestove.be)

Gran Kaffee de Passage

BISTRÓ €€

10 🍴 PLANO P. 44, A6

Una mezcla de lugareños y viajeros que se hospedan en el **albergue** adyacente aporta un ambiente genial a este bistró alternativo, de estética modernista y a la luz de las velas. Su asequible carta comprende desde sustanciosos platos tradicionales (p. ej., *stoverij*, estofado de ternera a la cerveza) a consistentes creaciones con tofu. (passagebruges.com)

Blackbird

VEGANA €

11 🍴 PLANO P. 44, D2

Una rareza en esta ciudad dominada por el queso y la carne: un *café* íntegramente vegano que sirve *bagels*, opíparos cuencos para el desayuno, tortitas, zumos recién preparados y tartas. Le confieren sofisticación sus arañas hechas con jaulas de pájaro y las paredes negro carbón. Mejor reservar. (blackbird-bruges.com)

That's Toast

DESAYUNOS €

12 🍴 PLANO P. 44, A6

El mejor sitio de Brujas para desayunar tiene mucho tirón entre lugareños y forasteros por servir

Consejo

El consejo de turismo de Brujas dispensa la miniguía *Oooh!*, para salirse de lo habitual gracias a sus circuitos a pie para descubrir el patrimonio local e información detallada de los tesoros borgoñones, la ciudad actual y su pasado.

toda clase de bocados matutinos durante todo el día, desde huevos y gofres a tés y tostadas. Con sol, las mesas del patio se llevan la palma. (📞 050-68 82 27)

Le Mystique

INTERNACIONAL €€€

13 🍴 PLANO P. 44, C3

Alta cocina en un fastuoso marco: Le Mystique ofrece menús fijos de temporada a la carta, muy recomendables para almorzar o cenar. Se ha de vestir bien. (lemystique.be)

Pieter Pourbus

BELGA €€

14 🍴 PLANO P. 44, C2

Sito en un encantador edificio enjalbegado con gablete de 1561, este establecimiento con envigados y crepitantes chimeneas es una maravillosa opción para cenar. Los pescados y carnes se cocinan en una parrilla; los platos vegetarianos son mínimos; y, por supuesto, el pintor flamenco Pieter Pourbus en su día vivió aquí. (pieterpourbus.com)

Encaje, un recuerdo tradicional

Existen dos técnicas para hacer encaje (*kant/dentelle* en flamenco/
francés). El encaje de aguja *(naaldkant),* donde se utiliza una sola
hebra para bordar un patrón sobre una pieza de tela; nació en Italia,
pero se perfeccionó en Bruselas (de ahí el "punto de Bruselas").
La otra técnica es el encaje de bolillos *(kloskant),* que permite crear
una maraña de hebras entrelazadas con ayuda de varias bobinas
enhebradas que se trenzan valiéndose de alfileres colocados a
mano. Es un proceso increíblemente laborioso que, al parecer, nació
en Brujas en el s. xiv. Algunas de las mejores piezas hechas a mano,
realizadas empleando cientos de bobinas, son originarias de Binche;
mientras que el encaje de Chantilly, una variante de origen francés
en la que se usa algodón negro, fue durante años uno de los artículos artesanales más preciados de Geraardsbergen, en Flandes. Hoy
en día, pese a que buena parte de la producción está mecanizada,
aún se puede ver cómo trabajan los artesanos en el **Kantcentrum**
(Lace Centre; plano p. 44, H1; kantcentrum.eu).

Boho Brunch   DESAYUNOS €€

15 ⊗ PLANO P. 44, B5

Paredes estucadas, altos techos
de vigas, discreto mobiliario de
rafia y maravillosos e instagra-
meables desayunos. El desayuno
completo es inacabable. (boho
brunch.be)

Mey's Art Cafe   CAFÉ €

16 ⊗ PLANO P. 44, C4

Encantadora y poco convencional,
esta céntrica propuesta de ambiente que recuerda a la década
de 1950 y, con coloridos cuadros
en las paredes, la atiende un afable
personal que sirve sándwiches
tostados, tortitas y gofres en
mesas rebosantes de color.
(meysart.be)

De Belegde Boterham   ASADOR €€

17 ⊗ PLANO P. 44, C4

Esquivar a las huestes de turistas
en esta propuesta de gran aceptación entre lugareños pudientes.
Pese a su estética monocroma
algo formal, se trata de un lugar
de trato amable y la comida –preparada con ingredientes frescos
y ricos aderezos– es excelente.
Tienen buena mano para el café.

De Bottelier   MEDITERRÁNEA €€

18 ⊗ PLANO P. 44, B2

Decorado con sombreros y viejos
relojes, este adorable pequeño
restaurante está encima de una
vinatería con vistas a un precioso
jardín a la vera del canal. Predo-
minan los lugareños e interesa
reservar. (debottelier.com)

Den Gouden Karpel

PESCADO Y MARISCO €

19 PLANO P. 44, E5

Ya sea para comer *in situ* o para llevar, este vistoso cafecito *es* un sitio genial para almorzar a base de frutos del mar junto a la lonja (p. 55). La carta incluye sándwiches de cangrejo, ensaladas de salmón ahumado, croquetas de gambas y ostras. (dengoudenkarpel. be)

Opus Latino

TAPAS €€

20 PLANO P. 44, E5

Local modernista con una terraza pegada al extremo de un canal, junto a una fuente con una cabeza de Buda. Se entra por un pasaje comercial –fácil de pasar por alto– que une Wollestraat con Burg y que termina cerca de la basílica (p. 41). Sirve tapas, pastas y *pizzas,* además de platos más contundentes. (opuslatino.be)

Da Vinci

HELADO €

21 PLANO P. 44, B4

Lo mejor de ser incapaz de escoger entre los 40 irresistibles sabores de esta magnífica heladería artesanal es que a uno le seguirán dando a probar hasta que al fin se decida. (davincibrugge.com)

Dónde beber

Café Vlissinghe

CAFÉ

22 PLANO P. 44, F1

Frecuentado por figuras ilustres desde hace 500 años, se dice que aquí, en el *pub* más antiguo de Brujas, Pieter Paul Rubens pintó en una ocasión una moneda en una mesa ¡y se fue sin pagar! Su interior, con maderaje y una estufa de leña, está exquisitamente conservado; en verano cotizan al alza las mesas de su sombreado jardín. (cafevlissinghe.be)

De Garre

PUB

23 PLANO P. 44, D4

La fabulosa cerveza de barril homónima se sirve con mucha espuma en vasos que parecen copas de coñac, con un tope de tres por persona, pues ¡tienen 11% de graduación alcohólica! En su *estaminet* (taberna) de dos pisos aguardan cantidad de cervezas patrias, incluida la magistral Struise Pannepot (3,50 €). (degarre.be)

Café Vlissinghe.

Le Trappiste

BAR

24 PLANO P. 44, C3

Especializado en cerveza belga, tiene 26 grifos y ocupa una cava medieval de 800 años de antigüedad: un atractivo marco a la altura del género que sirve. (letrappiste brugge.com)

't Poatersgat

PUB

25 PLANO P. 44, C2

Tras dar con su enigmática entrada, se desciende por unas escaleras a una cava abovedada que resplandece con etéreas lucecillas y velas titilantes. 't Poatersgat ("el agujero del monje" en flamenco) tiene una carta con más de 120 cervezas belgas, incluidas varias trapenses de aúpa. (📞 0495 22 68 50)

De Windmolen

PUB

26 PLANO P. 44, H1

Este coqueto *café* con terraza está situado en una soleada esquina próxima a uno de los molinos de St-Anna. (📞 050-33 97 39)

Rose Red

BAR

27 PLANO P. 44, E3

Este local ofrece a su clientela formidables cervezas de 50 de los mejores fabricantes del país, servidas por un personal encantador en un bar de tonos rosáceos y engalanado con rosas. Hay cinco y seis variedades de barril y otras 150 cervezas en botella. Por 10 € se pueden degustar cuatro. (rosered.be)

't Brugs Beertje.

ARTERRA/GETTY IMAGES ©

Chocolate belga

El chocolate es una mezcla de pasta de cacao, azúcar y manteca de cacao. El negro es el que precisa mayor cantidad de pasta de cacao; el chocolate con leche lleva leche en polvo, y el blanco, manteca de cacao pero no pasta. El irresistible chocolate belga es posiblemente el mejor del mundo porque se ciñe exclusivamente a estos ingredientes puros, mientras que en otros países incorporan alternativas más económicas, como grasas vegetales para sustituir a la manteca de cacao. Los chocolates belgas por excelencia son los pralinés y los cremosos *manons:* pequeños chocolates rellenos a la venta en tiendas especializadas. Los dependientes envuelven las piezas expuestas que el cliente seleccione, y se puede comprar una sola. Los precios varían mucho en función de la marca.

Merveilleux

CAFETERÍA

28 PLANO P. 44, B4

Elegante cafetería y salón de té con suelo de mármol en un pasaje adoquinado cerca de Markt (p. 38). El café se acompaña de una delicada galletita casera y, a veces, de un vasito de helado de fresa o de *mousse* de chocolate. Redondean la oferta sus tartas, tés y consistentes almuerzos. (merveilleux.eu)

De Republiek

COCTELERÍA

29 PLANO P. 44, B3

En un patio entre edificios de ladrillo con solera, este animado y amplio espacio triunfa entre brujenses. Los viernes y sábados por la noche pinchan DJ. Hay una extensa carta de cócteles y comidas a precio razonable (opciones vegetarianas incl.) que se sirven hasta medianoche. (republiek brugge.be)

't Brugs Beertje

PUB

30 PLANO P. 44, C5

De fama nacional por sus cientos de cervezas, este acogedor *bruin café* está lleno de viejos carteles publicitarios y parroquianos. Es una de esas fabulosas cervecerías con paredes amarillentas, letreros esmaltados, ramitas de lúpulo en el techo y un entendido personal que ayudará a escoger entre sus incontables variedades. (brugs beertje.be)

Du Phare

TABERNA

31 PLANO P. 44, F1

Incrustada entre los restos de una de las antiguas puertas de entrada a la ciudad, esta taberna lejos de las multitudes es conocida por sus actuaciones de *blues* y *jazz;* consúltese la programación en la web. El autobús nº 4 para justo delante. (duphare.be)

Ocio

Koninklijke Stadsschouwburg
TEATRO

32 ⭐ PLANO P. 44, C3

Cultuurcentrum Brugge (p. 54) programa representaciones teatrales y conciertos en varios espacios, incluido este majestuoso teatro que data de 1869 y ofrece ópera, música clásica, teatro y danza. Enfrente hay una estatua de Papageno, el famoso personaje de la ópera *La flauta mágica* de Wolfgang Amadeus Mozart. (ccbrugge.be)

Cultuurcentrum Brugge
TEATRO

33 ⭐ PLANO P. 44, C3

Este grupo cultural organiza producciones teatrales, eventos y conciertos, además de coordinar actuaciones en el Koninklijke Stadsschouwburg (p. 54) y el **Magdalenazaal** (MaZ; ☎ 050-44 30 40). Consúltese toda la programación en la web. (ccbrugge.be)

Cinema Lumière
CINE

34 ⭐ PLANO P. 44, B3

Este cine independiente, a un par de manzanas de Markt, propone una estupenda cartelera de películas en versión original. (lumiere cinema.be)

De compras

Chocolate Line
CHOCOLATE

35 🔒 PLANO P. 44, C6

En Brujas hay unas 50 tiendas de chocolate, pero solo unas cuantas hacen sus creaciones *in situ*, entre ellas esta, la mejor de todas. Entre los sabores resueltamente experimentales del maestro chocolatero Dominique Persoone destacan cola amarga, habano, *wasabi* y aceitunas negras con tomate y albahaca. También venden botes de pintura corporal a base de chocolate con su propio pincel. (thechocolateline.be)

De Reyghere Reisboekhandel
LIBROS

36 🔒 PLANO P. 44, D4

Esta surtidísima librería de viajes es una ampliación de la contigua **De Reyghere Boekhandel,** regentada por la misma familia desde hace generaciones y entre cuyos clientes más ilustres figura Albert Einstein. (dereyghere.be/nl/reizen)

Galler
CHOCOLATE

37 🔒 PLANO P. 44, D4

Los amantes del chocolate y los *macarons* se sentirán como en el paraíso en esta tienda junto a Markt (p. 38). (galler.com)

Vismarkt
MERCADO

38 🔒 PLANO P. 44, F5

La porticada lonja de pescado de 1821 aún es testigo de los puestos

Vismarkt.

que abren casi todas las mañanas, seguidos de vendedores de baratijas. Varias marisquerías dan a la bonita Huidenvettersplein, entre cuyos prototípicos edificios brujenses se cuenta la antigua casa gremial de los curtidores.

2-Be
COMIDA Y BEBIDAS

39 🔒 PLANO P. 44, E5

Vistoso y céntrico local con un amplio surtido de productos belgas, desde cervezas a galletas. Pese a los precios prohibitivos, vale la pena echar un vistazo a su "muro de la cerveza" y a su privilegiada terraza ribereña. (2-be.biz)

Rombaux
MÚSICA

40 🔒 PLANO P. 44, E3

En la misma ubicación desde 1920, esta gran tienda familiar especializada en música clásica, *jazz*, ritmos regionales, folk y músicas del mundo, es la clase de lugar donde uno puede pasarse horas curioseando. También venden partituras y guitarras acústicas. (rombaux.be)

Think Twice Vintage
ROPA

41 🔒 PLANO P. 44, C4

Junto a **Lee:Loo** (leeloo.be) se encuentra este tesoro oculto con ropa de segunda mano para hombre y mujer, a destacar sus prendas de punto. (thinktwice -secondhand.be)

Explorar ✴

Sur de Brujas

Recorrer Brujas es como explorar un museo al aire libre, en especial esta zona, donde se arraciman edificios históricos, galerías e iglesias. Su armoniosa arquitectura gótica, sus canales bordeados de sauces, sus plazas con mercados, todo es pintoresco. Y, más allá de sus tiendas de recuerdos, hay bares y cafés ocultos en calles secundarias, jóvenes artesanos y una historia que se palpa en el ambiente.

Lo esencial

○ **Groeningemuseum (p. 58)** *Galería de arte de talla mundial, con especial énfasis en las obras bañadas de luz de los primitivos flamencos.*

○ **Museum Sint-Janshospitaal (p. 60)** *Joyas de Hans Memling e instrumentos médicos en el regio marco de un hospital del s. XII con envigado de madera.*

○ **Gruuthusemuseum (p. 62)** *Palaciego edificio que exhibe una fascinante colección de artes aplicadas que incluye tapices, encaje y cerámica.*

○ **Circuito de la Concertgebouw (p. 68)** *Visita autoguiada por las entrañas del moderno auditorio de la ciudad, con soberbias instalaciones auditivas y visuales a lo largo del recorrido.*

○ **Minnewater Park (p. 65)** *Romántico parque con exuberantes confines y un tranquilo lago.*

Cómo llegar y desplazarse

🚌 Desde la estación de trenes de Brujas se toma cualquier autobús con destino a Centrum hasta Markt, desde donde hay un corto paseo al sur a casi todos los reclamos.

🚶 El recorrido a pie más atractivo de la estación al centro es el que cruza Koning Albert I Park (1,5 km).

Plano de la zona en p. 66.

Canal, Brujas. LADYBUGIO/SHUTTERSTOCK ©

Las mejores experiencias
Apreciar arte flamenco en el Groeningemuseum

Esta galería presume de una colección muy rica, con sobresalientes pinturas primitivas flamencas y renacentistas que plasmaron la opulencia de la ciudad. Hay cautivadoras escenas de la propia Brujas, un sensacional lienzo de El Bosco y óleos más contemplativos de Van Eyck y Memling. También comprende obras de artistas posteriores, como Khnopff, Magritte y Delvaux.

◎ PLANO P. 66, E2

visitbruges.be/en/things
-to-do/culture-and
-heritage/groeninge
museum-groeninge
-museum

Los primitivos flamencos

Las dos primeras salas contienen telas de artistas como Jan Van Eyck, Rogier Van der Weyden, Hans Memling y Gerard David, quienes supieron capturar la prodigalidad y la belleza de la antigua Brujas.

Dos magníficos ejemplos son *Virgen coronada por ángeles* (1482), del anónimo Maestro del Follaje Bordado, donde el tejido de la falda de la Virgen se funde a sus pies con el follaje, y *Virgen del canónigo Van der Paele* (1436), de Van Eyck, con deslumbrante armadura y bellos pliegues. Los retratos de esta época reflejan la abundancia de la ciudad de entonces y demuestran un profundo calado psicológico.

El épico *Tríptico Moreel* (1484), de Hans Memling, es uno de los primeros retratos en grupo de grandes dimensiones de la historia.

De 1500 a 1600

La visita sigue con la obra de Jan Provost, que llegó a Brujas en 1494, el año en que Memling falleció. Su macabro *La muerte y un avaro* (1500) huye de cualquier interpretación. No es menos lúgubre el *Juicio de Cambises* (1488) de Gerard David, horripilante composición de un juez prevaricador desollado en público.

El Juicio Final (1482) de El Bosco –quien influyó en el artista local Pieter Pourbus– está lleno de demonios y monstruos retorciéndose de dolor. Alivian de tanta crudeza los retratos formales de Frans Pourbus el Joven, nieto de Pieter.

Fauvismo y expresionismo flamenco

En la década de 1920 el cubismo y el expresionismo alemán influyeron significativamente en los artistas flamencos. Destacan las representaciones en tonos terrosos de la vida rural de Constant Permeke en *Los comedores de gachas* (1922). Otra sala repasa el modernismo, y se concluye con obras de las décadas de 1960 y 1970, influidas por René Magritte.

★ Consejos

o Como otros puntos de interés en Bélgica, el museo cierra los lunes.

o Su popularidad hace que convenga llegar lo más temprano posible cuando mayor afluencia turística hay: vacaciones escolares y verano.

o Si el tiempo apremia, es preferible centrarse en lo más destacado: los flamencos primitivos.

o La obra de los "primitivos" es en verdad muy sofisticada; su nombre deriva del latín *primus* (primeros), pues fueron pioneros en la incorporación de novedosas técnicas, como el uso de aceite para aportar detalles y sutiles efectos lumínicos.

✕ Una pausa

A un breve paseo del museo está Christophe (p. 73), un bistró donde probar las gambas de Zeebrugge.

Para algo más informal, pruébese el acogedor Books and Brunch (p. 73).

Las mejores experiencias 📷

Ver obras maestras en el Museum Sint-Janshospitaal

Sita en la capilla restaurada de un hospital del s. XII con un sublime envigado, este museo contiene diversos objetos médicos, pero es más conocido por sus seis obras maestras del artista del s. XV Hans Memling, entre ellas el extraordinario relicario de Santa Úrsula, una suerte de catedral gótica en miniatura.

◎ PLANO P. 66, D3

Memlingmuseum

visitbruges.be/en/ things-to-do/culture -and-heritage/sint -janshospitaalpark-st -johns-hospital-park

Pinturas de Memling

La antigua capilla del hospital se consagra a una pequeña pero valiosísima colección de obras de Memling, que deslumbran bajo una luz tenue. La más grande es el *Tríptico de san Juan Bautista y san Juan Evangelista* (c. 1479), encargado por la iglesia del hospital como retablo; repárese en santa Catalina y en santa Bárbara, ambas a los pies de la Virgen. Los retratos seculares de Memling son tan cautivadores como su obra devota, incluido el delicado *Retrato de una joven* (1480), en el que las manos de la retratada parecieran posarse sobre el marco.

Arqueta de Santa Úrsula

Este relicario dorado de roble (en la foto) pintado por Memling incluye escenas de la vida de santa Úrsula y paisajes urbanos sumamente realistas de Colonia. Se dice que la devota era una princesa bretona prometida a un príncipe pagano. Esta accedió a contraer nupcias con él a condición de poder peregrinar a Roma (vía Colonia) junto a 11 000 vírgenes. De regreso a casa, todas –incluidos Úrsula y su prometido– fueron asesinados por Atila, rey de los hunos.

Objetos del Sint-Janshospitaal

Tras someterse a una elegante restauración, este lustroso espacio atrapa al visitante con su techo de vigas del s. XII y con una muestra de objetos del museo, incluido instrumental médico, palanquines y un truculento cuadro de 1679 que representa una clase de anatomía.

★ Consejos

○ En la excelente tienda del museo hay guías de las exposiciones y los cuadros.

○ Échese un vistazo a su farmacia de 1645 (funcionó hasta 1971), un bonito espacio alicatado con hileras de frascos; muchas de las medicinas las elaboraban monjas con hierbas del jardín del cercano convento.

○ En la sala de los Fideicomisarios, contigua a la farmacia, cuelgan retratos de consignatarios con peluca y chorreras.

✘ Una pausa

Yendo por Mariastraat hasta Katelijnestraat se topa con De Bron (p. 72) y su interesante repertorio vegetariano.

El *café* (bar) Brouwerij De Halve Maan (p. 69) sirve la mejor cerveza del lugar; organizan visitas guiadas de 45 min para ver su fábrica.

Las mejores experiencias

Fascinarse ante las artes aplicadas del Gruuthusemuseum

Exquisitamente restaurado años atrás, este museo de artes aplicadas, parada obligada en Brujas, luce una romántica entrada heráldica en un patio con muros cubiertos de hiedra. Su edificio original, del s. XIII, se transformó con ese garbo tan propio del gótico victoriano.

◎ **PLANO P. 66, D2**

✆ 050-44 87 43

Vestíbulo

La Gruuthuse, que debe su nombre a la mezcla de flores y hierbas (*gruut*) utilizada para aportar sabor a la cerveza antes de implantarse el cultivo de lúpulo, posee un grandilocuente vestíbulo dominado por un enorme tapiz de lana y seda en homenaje a las artes liberales y a los tejedores de la Brujas del s. XVII.

Salas

Pasado el vestíbulo aguardan 17 maravillosas salas repletas de tesoros y un majestuoso estudio. En la sala n° 1 puede verse un retrato de Luis de Gruuthuse, su propietario primigenio, portando la Orden del Toisón de Oro, además de un fascinante plano de la Brujas del s. XVI y una monumental chimenea decimonónica. Cabe destacar joyas como el vitral de la sala n° 3, los manuscritos ilustrados de la n° 4 y las reliquias doradas de la n° 11.

Oratorio

Revestido de roble, este extraordinario oratorio o capilla privada fue mandado construir en la década de 1470 por Luis de Gruuthuse y su esposa, Margaretha, para ver las misas oficiadas en la Onze-Lieve-Vrouwekerk (p. 69); a través de una ventana se obtiene una magnífica vista del presbiterio de la iglesia. Repárese en los ángeles tallados que soportan las bóvedas del techo y las iniciales L y M.

★ Consejos

o Un buen sitio para sacar fotos es el balcón del museo, ingeniosamente enmarcado por arcos de piedra, desde donde se disfruta de una de las vistas más pintorescas de la ciudad.

o El museo linda con el Groeningemuseum (p. 58), pero, como ambos merecen una larga visita, lo mejor es descansar entre uno y otro.

✗ Una pausa

Una tranquila callejuela lleva al encantador De Stoepa (p. 72), con comida de bistró y un agradable ambiente *hippie*.

Si apetece auténtica cocina asiática a buen precio, el Marco Polo Noodle Bar (p. 73) no defraudará.

Circuito a pie 🥾

Descubriendo parques y canales

Esta plácida ruta a pie traza un círculo hacia el sur desde el Vismarkt, pasando por las zonas verdes más bonitas de la ciudad: el Koningin Astridpark, el Minnewater, el Begijnhof y el Hof Arents.

Datos
Inicio Vismarkt
Final Vismarkt
Distancia 3,3 km; 2-3 h

❶ Vismarkt

La evocadora **lonja del pescado** (p. 55) porticada, de 1821, aún abre casi todos los días. Los pescaderos llevan siglos vendiendo aquí capturas del mar del Norte, aunque hoy apenas puede verse un puñado de puestos. Los lugareños compran aquí *maatjes* (filetes de arenque). No hay que perderse la coqueta Huidenvettersplein, bordeada de edificios típicos.

❷ Koningin Astridpark

Caminando unos minutos al sur por Jozef Suvéestraat se llega al Koningin Astridpark, imperecedero punto de encuentro local, así llamado en honor de la mujer sueca del rey Leopoldo, cuyo busto se encuentra al acceder al parque. Dentro del parque están la sede de una cadena de radio, un quiosco de música y una zona de juegos. Pasada la iglesia neogótica de Magdalen, se halla la irresistible **Patisserie Schaeverbeke** (p. 73).

❸ Minnewater Park

Se sigue al sur hasta la **Gentpoort** (p. 70), una de las cuatro puertas medievales de la ciudad, desde donde un agradable sendero discurre entre la fronda junto a un canal en dirección oeste hacia **Minnewater** (p. 70) y el parque homónimo, una bonita zona verde con parterres y senderos.

❹ Begijnhof

Wijngaardplein, justo al norte del parque, es una plaza turística pero irresistible bordeada de *cafés*. Obsérvese la fuente de los caballos, de cuyas cabezas mana agua que los cocheros de los carruajes utilizan para llenar cubos y dar de beber a sus corceles. Los bares de la zona son algo caros, pero ¡menudas vistas! Tras cruzar un puentecito situado después de la plaza, se aprecia el Begijnhof (p. 69), del s. XIII, uno de los mayores encantos de Brujas, con edificios encalados alrededor de un jardín sembrado de altos árboles y narcisos. Vale la pena visitar la iglesia.

❺ Hof Arents

Uno de los enclaves más bellos de esta ciudad de por sí bella, Hof Arents (p. 70) es sinónimo de un pintoresco puentecito y del continuo repiquetear de los cascos de los caballos de los emblemáticos carruajes. Véanse sus equivalentes equinos en bronce del fascinante grupo escultórico de *Los cuatro jinetes del Apocalipsis* (1987), de Rik Poot, desde donde hay un corto paseo de regreso a Vismarkt.

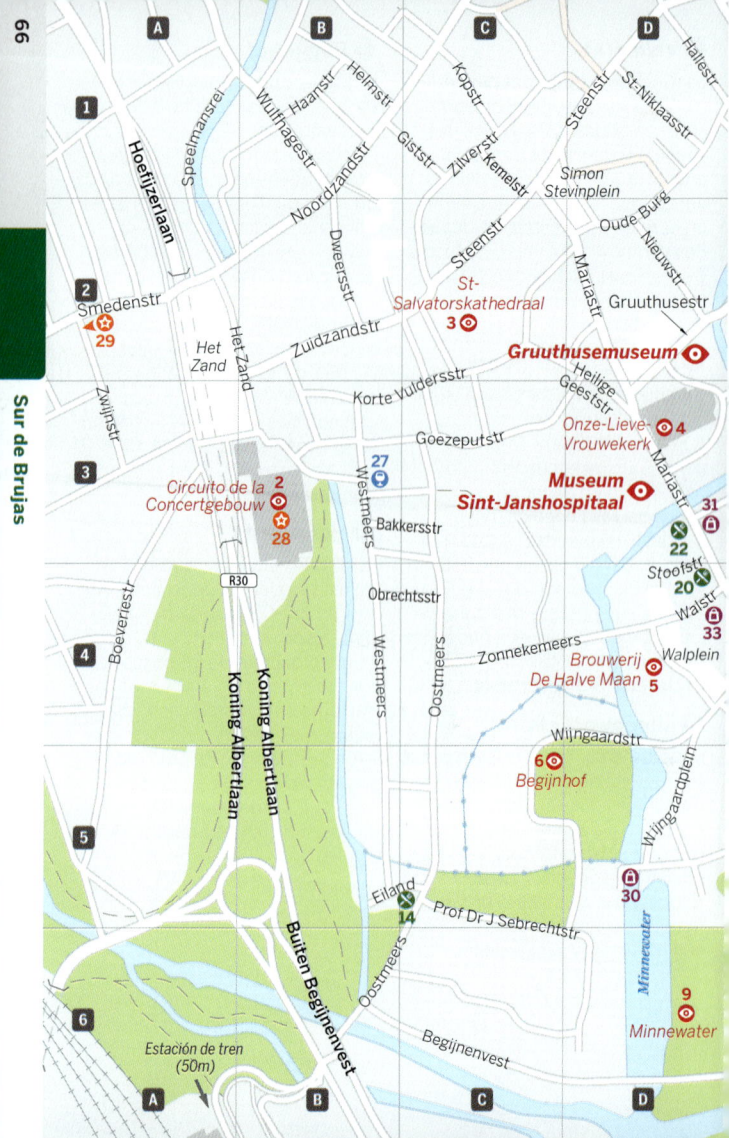

Sur de Brujas

Wollestr

Huiden-
vetterplein

26

*Bruges
Canal Tours* **1**

Rozenhoedkaai

't Pandreitje

Braambergstr

Frerer Fonteinstr

Waalsestr

24 Park

12

Mindersbroederstr

Engelstr

21

23

Schaarstr

Coupure

1

2

Dijver

Eekhoutstr

Groeningemuseum

Arentshuis

7 **Hof Arents**

St- Bonifaciusbrug

Garenmarkt

19

17

Koningin
Astridpark

Stalijzerstr

Nieuwe Gentweg

Schaarstr

18

Gapaardstr

Willemijnendreef

3

Kastanjeboomstr

Groeninge

Nieuwe Gentweg

**Godshuis St-Jozef
y De Meulenaere**

10

11

Diamantmuseum

Katelijnestr

Oude Gentweg

Gentpoortstr

15

8

Gentpoort

4

25

16

Noordstr

Arsenaalstr

Sulferbergstr

Katelijnestr

13

Gentpoortvest

Buiten Gentpoortvest

5

32

Minnewater
Park

Katelijnevest

6

Reseñas en:
Las mejores experiencias p. 58
Puntos de interés p. 68
Dónde comer p. 70
Dónde beber p. 75
Ocio p. 76
De compras p. 76

N   0   200 m

E   F   G   H

Puntos de interés

Bruges
Canal Tours   PASEOS EN BARCO

1 🎯 PLANO P. 66, E1

Es obligado ver la ciudad desde el agua en un circuito en barco de 30 min. Aprox. cada 20 min hay salidas desde los muelles al sur de Burg, como Rozenhoedkaai y Dijver. Todos los operadores son, en definitiva, filiales de una o dos empresas reguladas por el Ayuntamiento: hacen el mismo recorrido y cobran lo mismo.

Circuito de la
Concertgebouw   CENTRO ARTÍSTICO

2 🎯 PLANO P. 66, B3

Excelentes instalaciones de vídeo y sonido permiten descubrir

este moderno auditorio al que se dedican 2-3 h para poder conocer en profundidad su cambiante colección participando activamente. Entre otras actividades, el visitante activará tubos de acero con el cuerpo para crear música, liberará un enorme espectro de sonidos y tocará las campanas de la azotea. (concertgebouw.be/en/concert gebouw-circuit)

St-Salvators
-kathedraal   CATEDRAL

3 🎯 PLANO P. 66, C2

Varias pequeñas torres se apilan formando la colosal torre central de esta catedral del s. XIII: una construcción que, pese a la severidad que luce de día, adquiere una belleza más que notable al iluminarse de noche. El inmenso inte-

Circuito por la Concertgebouw.

VISIT BRUGES/JAN D'HONDT ©

rior, pese a su selección de tapices antiguos, resulta extrañamente austero. Bajo la torre pueden verse, a través del suelo acristalado, varias tumbas pintadas. En su curioso **tesoro** hay bronces que datan del s. xv y un tríptico de Dirk Bouts de 1559. En verano ofrecen conciertos de órgano. (📞050-33 68 41)

Onze-Lieve -Vrouwekerk

IGLESIA

4 PLANO P. 66, D3

Dominando las vistas de la ciudad con su imponente aguja de 115 m, esta iglesia del s. xiii reabrió sus puertas en el 2015 tras someterse a una profunda renovación. Su interior se conoce por albergar la apaciblemente contemplativa estatua de Miguel Ángel de la *Virgen con el Niño* (1504), única obra del artista que salió de Italia mientras este aún vivía. También custodia la *Adoración de los pastores* (1574) de Pieter Pourbus.

En el tesoro del ábside hay varias obras espléndidas que datan de los ss. xv y xvi, así como los excelsos sepulcros de piedra y bronce de Carlos el Temerario (Karel de Stoute) y su hija, María de Borgoña. (Nuestra Señora de Brujas; Mariastraat)

Brouwerij De Halve Maan

CERVECERA

5 PLANO P. 66, D4

Fundada en 1856, es la última *brouwerij* (cervecera) familiar que perdura en el centro de Brujas,

Consejos

En los meses más cálidos se puede aprovechar para darse un chapuzón en algún **canal de la ciudad** (plano p. 66), como el Coupure, donde se acota una zona para bañistas y se instala un pontón. Bañarse entre los cisnes es gratis y una forma distinta de ver pasar las embarcaciones a lo lejos. Dispone de socorristas y duchas.

aunque aquí hay una fábrica de cerveza desde 1564. Cada hora salen **visitas guiadas** (8,50 €; 11.00-16.00, hasta 17.00 sa) de 45 min en varios idiomas, que, si bien incluyen una cata, a veces son demasiado multitudinarias. Como alternativa cabe optar sencillamente por probar sus excelentes cervezas Brugse Zot (Loco de Brujas, 7%) o Straffe Hendrik (Henry el Fuerte, 9%) en su apetecible *café*. En el 2016 se instaló un conducto subterráneo de 3 km que va hasta la planta embotelladora. (halve maan.be)

Begijnhof

EDIFICIO HISTÓRICO

6 PLANO P. 66, C5

Del s. xiii, el encantador *begijnhof* (beaterio) de Brujas sigue siendo, pese a las hordas de turistas estivales, un espléndido remanso de paz. Junto a su puente de entrada, de 1776, aguarda una tentadora aunque cara sucesión de restaurantes con terraza, tiendas de encaje y puestos de gofres.

Hof Arents
PARQUE

7 PLANO P. 66, E2

Detrás del Arentshuis, se trata de un delicioso parquecito con un puente peatonal, el **St-Bonifaciusbrug** (Hof Arents), que cruza el canal y brinda maravillosas vistas. Apodado el "puente de los enamorados", aquí es donde muchos brujenses se dieron su primer beso.

Los huéspedes de la **Guesthouse Nuit Blanche** (bb-nuitblanche. com) disfrutan en exclusiva del romántico escenario a la luz de la luna una vez cierra el parque.

Gentpoort
EDIFICIO HISTÓRICO

8 PLANO P. 66, H4

Una de las cuatro antiguas puertas de la muralla de Brujas que aún se conservan, actual sede de un pequeño museo sobre la historia local. (visitbruges.be/en/things-to -do/culture-and-heritage/gentpoort -gate-ghent)

Minnewater
CANAL

9 PLANO P. 66, D6

Conocido como el "lago del amor", este tranquilo canal se remonta al apogeo medieval de Brujas, cuando contaba con un muelle y por sus aguas llegaban barcos llenos de lana, vino, especias y seda desde lugares tan lejanos como Rusia y volvían cargados de tejidos flamencos.

Godshuis St-Jozef y De Meulenaere
EDIFICIO HISTÓRICO

10 PLANO P. 66, E4

Accesibles a través de una puerta verde, estas *godshuizen* (casas de beneficencia) constituyen unos auténticos remansos de paz de la ciudad.

Diamantmuseum
MUSEO

11 PLANO P. 66, E4

Pese a que el centro de la industria de diamantes se encuentra en Amberes, al este de Brujas, la idea de pulir las piedras con "polvo" de diamante proviene de Brujas. Esa es la temática sobre la que gravita este vistoso museo en el que, además, puede verse un enorme diamante en bruto de 252 quilates y se explica que el eslogan "un diamante es para siempre" nació de una campaña comercial de De Beers. El tono es festivo y se pasa de puntillas por el racismo y el pasado colonial asociados a la extracción del mineral. (Museo del Diamante; diamondmuseum.be)

Dónde comer

Park Restaurant
EUROPEA €€€

12 PLANO P. 66, G1

Lo mejor de este maravilloso pequeño restaurante de alta cocina europea es su suntuoso interior, que hará que el comensal retroceda en el tiempo: es el tipo de sitio para ir vestido como un pincel y al que uno lleva a su madre o, si se prefiere, para una velada romántica. (parkrestaurant.be)

'Begijnhoven' y 'godshuizen'

En el s. XII, muchos hombres de los Países Bajos se embarcaron en las Cruzadas a Tierra Santa y jamás regresaron. Sus viudas con frecuencia se vieron obligadas a buscar la protección de una orden religiosa. Sin embargo, entrar en un convento suponía renunciar a las posesiones terrenales e incluso a su propio nombre. Una opción intermedia, interesante para mujeres de cierto nivel adquisitivo, era hacerse *begijn* (beguina).

Estas hermanas laicas debían asumir votos de obediencia y castidad, pero podían conservar su patrimonio. Vivían en un *begijnhof* (beaterio) autosuficiente: un conjunto de casas dispuestas en torno a un jardín central y a una iglesia en una zona amurallada. El terreno (por regla general a las afueras de la ciudad) normalmente lo cedía un señor feudal, pero, una vez se establecían estas comunidades compuestas íntegramente por mujeres, pasaban a ser autónomas. Casi todas contaban con una granja y un huerto y obtenían ingresos extra con la venta de encajes y con el dinero de algunos benefactores.

En el s. XVI, la expansión del protestantismo por Holanda supuso el fin de la mayoría de sus *begijnhoven*. Ahora bien, Flandes, por entonces bajo dominio español, se vio afectado por la Contrarreforma hasta el punto de redefinir el movimiento *begijn*. Los *begijnhoven* se convirtieron en hospicios con mayor financiación. En 1583, el arzobispo de Malinas decretó que las *begijnen, que* llegaron a suponer el 5% de la población femenina de Flandes, se rigieran por un reglamento y llevaran hábito.

Las *godshuizen* (casas de beneficencia), similares a las *begijnhoven* pero de menor tamaño, normalmente constan de casitas de ladrillo o enjalbegadas erigidas alrededor de un jardincito. Originalmente construidas por los gremios de comerciantes o por ricos mecenas para dar cobijo a los pobres (y de paso salvar sus propias almas), hoy son lugares maravillosos para relajarse, si es que se consigue cruzar la puerta (por lo normal cerrada). En Brujas hay 46 magníficas *godshuizen*.

Minnewater (p. 70).

One Restaurant

BELGA €€

13 ✖ PLANO P. 66, E5

Acogedor restaurante al estilo de una taberna con un arbolado patio, que despunta por su cocina flamenca sencilla pero sabrosa, con principales como croquetas de gambas o albóndigas en salsa de cerezas y cerveza, y, de postre, manzanas flambeadas. (one-minne water.business.site)

De Stoepa

BISTRÓ €€

14 ✖ PLANO P. 66, C5

Auténtica joya en una apacible zona residencial, que tienta con comida de bistró en ambiente entre sofisticado y hogareño, con bonitas estatuas, paredes color terracota, una estufa de hierro y, tanto el suelo como los muebles,

de madera. Lo mejor, su terraza ajardinada. (stoepa.be)

Greens&Beans

VEGANA €€

15 ✖ PLANO P. 66, H3

Elegante pequeño restaurante vegano a destacar por su bonito patio ajardinado y su propuesta culinaria. Pruébense el volován con seitán o su versión de la ensalada César. Hay *kombucha* casero y excelente café. (greensenbeans.be)

De Bron

VEGETARIANA €

16 ✖ PLANO P. 66, E4

Antes de que este restaurante de techo de cristal abra, ya suele haber fuera una cola de comensales ávidos de probar sus recetas a base de ingredientes frescos, que se sirven en raciones pequeñas, medianas o grandes, salvo sus deliciosas sopas, como la de calabaza. Los platos se hacen veganos previa solicitud. (☎ 050-33 45 26)

Christophe
BISTRÓ €€

17 PLANO P. 66, F3

Genial bistró, abierto hasta las tantas, con mesas de mármol y una correcta selección de clásicos de la tierra, como gambas frescas de Zeebrugge. (christophe-brugge.be)

Patisserie Schaeverbeke
PASTELERÍA €

18 PLANO P. 66, G3

Espléndida pequeña pastelería, perfecta para un pícnic, a rebosar de cremosas tartas de fruta, cruasanes y panes recién horneados.

Books and Brunch
CAFÉ €€

19 PLANO P. 66, F2

Lejos de las multitudes y a tiro de piedra del Koningin Astridpark (p. 65), este magnífico *café*, repleto de libros de ocasión en flamenco y en inglés, es ideal para empezar el día tanto si uno es madrugador o dormilón. (☎ 050-70 90 79)

Marco Polo Noodle Bar
FIDEOS €

20 PLANO P. 66, D4

Siempre lleno hasta los topes, este pequeño local de fideos a las afueras del centro histórico ofrece un amplio y rentable surtido de bocados asiáticos que es difícil de superar. (marco-polo-noodles.com)

Resto Ganzespel
BELGA €€

21 PLANO P. 66, H1

Íntima experiencia culinaria en un encantador edificio antiguo con gablete, cuyo propietario sirve clásicos belgas como albóndigas y *kalfsblanket* (ternera en salsa cremosa), entre otros platos. En el piso de arriba hay tres peculiares habitaciones para huéspedes (d 55-85 €), una de ellas con una original ducha musical. (ganzespel.be)

De Proeverie
CAFÉ €

22 PLANO P. 66, D3

Atractivo salón de té, si acaso algo *kitsch*, que sirve tés variados, espeso chocolate a la taza, batidos y dulces caseros para relamerse, incluidas *crème brûlée, mousse* de

Greens&Beans.

Cervezas belgas

Tomar unas cervezas belgas es mucho más que una mera excusa para salir de juerga. La cerveza es a Bélgica lo que el vino a España: algo que ha de saborearse sin prisas. Ahora bien, apreciar todas las características y sabores de sus variedades podría llevar un tiempo: se calcula que en todo el país se produce un millar de cervezas distintas. Cada una cuenta con su propio vaso, con el logo en relieve (que marca dónde debería empezar la espuma) y con una forma específica para potenciar su sabor y aromas.

Mientras que en otros países los monjes son famosos por la producción de vino, en Bélgica se dieron a conocer por la cerveza. Los trapenses llevan siglos elaborando las cervezas del mismo nombre, de tonos suaves dorados y oscuros, con una graduación alcohólica de entre el 6 y el 12%. Hoy, la media de los monjes ronda los 70 años, lo que hace temer por el futuro de estas cervezas. Actualmente hay tres abadías en Flandes donde siguen produciéndolas.

Las cervezas tradicionales belgas por excelencia son las espumosas lámbicas *(lambiek)*, cuya elaboración puede alcanzar los tres años. El secreto reside en los microorganismos salvajes presentes en el aire frío que rodea la cerveza, lo que propicia su fermentación espontánea. La lámbica con más tirón es la *gueuze,* similar a la sidra, aunque lleva un tiempo acostumbrarse a su sabor. Una buena opción para primerizos son las lámbicas de frutas, de regusto dulce.

Son más suaves las cervezas blancas (*witbier* o *bière blanche*), pálidas y turbias, como la Brugs Tarwebier de Brujas, que entra muy bien fría y con limón cuando hace bueno, a diferencia del resto de las cervezas del país, pensadas para tomarse a temperatura ambiente.

En Bélgica también se producen cervezas de abadía (fuertes *ales* con mucho cuerpo, como la Leffe, a partir de recetas originales), *vlaams rood* ("rojas flamencas", añejadas en barricas), agrías *oud bruin* ("añejas castañas", que combinan variedades jóvenes y añejas, y fermentan una segunda vez tras ser embotelladas) y *ales* doradas.

chocolate y tarta *merveilleux*. El café se acompaña de generosas exquisiteces. (sukerbuyc.be)

In 't Nieuw Museum BELGA €€

23  PLANO P. 66, H1

Así llamado por la asombrosa colección de placas de cervezas, huchas y demás parafernalia hostelera de sus paredes, esta institución local de dirección familiar triunfa con su suculenta carne preparada en un horno que fue construido en el s. XVII y con platos del día como hamburguesas vegetarianas, anguila, costillas, bistecs y cremoso *vispannetje* (pescado gratinado). (nieuw-museum.com)

Dónde beber

L'Estaminet PUB

24 PLANO P. 66, F1

Vigas de madera, ambiente distendido... L'Estaminet, un bar que se mantiene casi igual que en su apertura en el año 1900, es ante todo un sitio para beber, aunque también sirve platos como espaguetis a la boloñesa con crujiente de queso. En verano, su fiel parroquia inunda la terraza delantera. (estaminet-brugge.be)

Bieratelier BAR

25 PLANO P. 66, E4

Conocido por sus degustaciones y sus 12 variedades de barril, se trata de un agradable bareto decorado con miles de posavasos que además sirve hamburguesas con patatas.

't Klein Venetie PUB

26 PLANO P. 66, F1

No hay que perderse la sensacional vista del canal desde este popular *café:* maravillosa en cualquier momento del día, con el campanario (p. 69) cerniéndose sobre una antología de fachadas medievales, muy seductora al ocaso. (kleinvenetie.be)

The Vintage PUB

27 PLANO P. 66, B3

Propuesta de ambiente sesentero/setentero sorprendentemente moderna para lo que es Brujas, con una soleada terraza ideal para tomar una Jupiler y, cada tanto, escandalosas fiestas temáticas. (fb.com/TheVintageBrugge)

De Proeverie.

Ocio

Concertgebouw SALA DE CONCIERTOS

28 ⭐ PLANO P. 66, B3

Obra de los arquitectos Paul Robbrecht y Hilde Daem, el espectacular auditorio de Brujas debe su diseño a las tres emblemáticas torres de la ciudad y a sus muchos edificios de ladrillo rojo. La Concertgebouw acoge funciones de teatro, conciertos de música clásica y espectáculos de danza con carácter regular y hay una **oficina de turismo** (p. 148) en la planta baja.

Durante el día se puede echar un vistazo entre bastidores en el circuito de la Concertgebouw (p. 68). (concertgebouw.be)

Sashuis, lago Minnewater.

Cactus Muziekcentrum MÚSICA EN DIRECTO

29 ⭐ PLANO P. 66, A2

Pese a su tamaño reducido, es el principal escenario local dedicado a la música contemporánea y del mundo. En él suenan desde grupos en directo a DJ internacionales y, además, organiza festivales como el **Cactus Music Festival** (cactusfestival.be), celebrado en el Minnewater Park (p. 65), en el extremo sur del casco antiguo. (cactusmusic.be)

De compras

Sashuis ARTE Y ARTESANÍA

30 🔒 PLANO P. 66, D5

Este formidable edificio con hastial escalonado, a orillas del lago Minnewater, ha renacido como espacio de muestras de Handmade in Brugge, una iniciativa que pone en valor la destreza y diversidad de los artesanos locales. Aquí mismo se puede recoger un folleto con una ruta a pie por tiendas y talleres o echar un vistazo a productos tales como chocolates, bufandas y caligrafía. (handmadeinbrugge.be/sashuis-en)

Sukerbuyc CHOCOLATE

31 🔒 PLANO P. 66, D3

Una de las tiendas de chocolate más deliciosas de la ciudad, regentada por un chocolatero de tercera generación que emplea ingredientes frescos sin conservantes. Destacan sabores como chocolate

Sukerbuyc.

Satongo con dulce de arándanos, y pasta de almendras saladas con dulce de naranja sanguina, en ocasiones con formas de lo más caprichosas, como una bolsa, una cuchara o una pieza de Lego. (sukerbuyc.be)

Simbolik ARTE Y ARTESANÍA

32 🔒 PLANO P. 66, F5

La artista y calígrafa Nathalie Beelprez abre al público su estudio/taller lleno de velas, tarjetas y arte decorado con su característica y maravillosa caligrafía. (simbolik.be)

De Striep CÓMICS

33 🔒 PLANO P. 66, D4

Llamativa librería donde encontrar las geniales guías ilustradas de Thibaut Vandorselaer, amén de una completa colección de cómics y novelas gráficas en neerlandés, francés e inglés. Junto al mostrador hay cómics ambientados en Brujas. (stripweb.be)

Merece la pena

Recorrer la costa belga

Tras un período de apatía, el litoral belga ha vuelto a suscitar interés entre turistas nacionales y foráneos. A lo largo de sus 65 km de longitud se suceden las anchas playas de arena blanca, respaldadas por dunas y tachonadas de centros de veraneo. Fuera de temporada, muchos lugares quedan desiertos; no así Ostende, principal centro poblacional de la región, con frecuentes eventos y animación todo el año.

For Freedom Museum

A unos 7 km de la calle principal de Knokke-Heist, el excelente **For Freedom Museum** (forfreedommuseum.be) repasa el período 1940-1944, cuando la región de Zwin sufrió los estragos de la II Guerra Mundial. Hay una fascinante audioguía y un sendero para niños.

Ostende

Frente a la ancha playa de la bulliciosa **Ostende** hay un paseo marítimo con salones de té. De 1600 a 1604 sufrió un asedio al ser la última ciudad belga que resistió a la reconquista española durante la guerra de Flandes. Con el tiempo prosperó como una de las localidades de veraneo más estilosas de Europa. Buena parte de aquella sofisticación se esfumó durante la II Guerra Mundial, pero las nuevas generaciones le están devolviendo el lustre a su arquitectura *belle époque*.

De Haan

De Haan (Le Coq; en la foto) es el centro turístico costero más seductor del país. Hoteles con entramado, restaurantes y *boutiques* conforman un tentador conglomerado en torno a la antigua estación de tranvías, sede de la oficina de turismo. Al este del parque se halla un singular conjunto de mansiones históricas en callecitas acariciadas por la arena.

Delvaux Museum

El **Delvaux Museum** (delvauxmuseum.com) ocupa la antigua y bonita casita-taller de Paul Delvaux (1897-1994), un referente surrealista belga. Aquí se descubrirán su deformada visión de la perspectiva y sus evocaciones oníricas del "subconsciente poético". Desde la parada de tranvía Koksijde/St-Idesbald, se camina rumbo oeste hacia De Panne y luego se siguen las indicaciones.

★ Consejos

○ Pese a la amplia oferta de alojamiento, en temporada alta es difícil conseguir habitación debido a la gran demanda.

○ En Veurne, 8 km al interior, puede verse la típica plaza medieval belga con gabletes y agujas.

○ Hacer una ruta musical por Ostende, donde Marvin Gaye compuso *Sexual Healing,* deteniéndose frente al auditorio Kursaal, donde hay una estatua del cantante.

✕ Una pausa

A lo largo del paseo marítimo de Ostende, al oeste de la Kursaal, se suceden varios salones de té de precios y estilos dispares. También hay montones de marisquerías por Visserkaai, a destacar la elegante **Wijnbistro diVino** (wijnbistrodivino.be). El día de mercado son los jueves.

Barrios de Bruselas

Grand Place e Îlot Sacré (p. 83)

El corazón geográfico de Bruselas, con asombrosos edificios medievales y magníficos restaurantes, teatros y salas de conciertos.

Barrio de la UE y Etterbeek (p. 127)

Además de ser el deslumbrante centro del poder europeo, posee un hermoso parque y varios museos de primera.

Centre Belge de la Bande Dessinée

Grand Place

MIM

Musées Royaux des Beaux-Arts

Parc du Cinquantenaire

Musée Art & Histoire

Musée Horta

Barrio real (p. 109)

Señorial área con museos ineludibles, encantadoras zonas verdes y los mejores chocolateros de la capital.

Explorar
Bruselas

Histórica y moderna, burocrática y estrambótica, segura de sí misma pero modesta, Bruselas es multicultural desde su fundación. Su palpitante corazón se localiza en la Grand Place, abrazada por casas con gabletes construidas por los gremios de comerciantes y flanqueada por su ayuntamiento gótico. El barrio real acoge los mejores museos de la ciudad, en algunos de sus edificios más grandilocuentes. El barrio de la UE también ofrece interesantes reclamos.

Circuitos a pie por Bruselas

Explorar N

Grand Place e Îlot Sacré

El corazón de Bruselas late en su Grand Place, rodeada de casas con gabletes dorados erigidas por los gremios y flanqueada por el ayuntamiento, del s. xv. En el s. xii, la plaza se utilizaba como mercado y las calles aledañas aún evocan nombres de hierbas, quesos y aves de corral. No lejos aguardan fastuosas galerías comerciales y el icono local, el Manneken Pis.

Lo esencial

○ **Grand Place (p. 84)** *Maravillarse ante las espléndidas casas gremiales y visitar el ayuntamiento.*

○ **Museo de la Ciudad de Bruselas (p. 91)** *Conocer la historia de la capital belga en un hermoso edificio neogótico.*

○ **GardeRobe Manneken Pis (p. 90)** *Admirar 140 de los más de 1100 trajes de la estatua más famosa de Bruselas a unos pasos de ella.*

○ **Galeries St-Hubert (p. 90)** *Ir tras la pista de Victor Hugo en esta espléndida galería comercial acristalada.*

○ **Centre Belge de la Bande Dessinée (p. 86)** *Sumergirse en el mundo del cómic en una antigua tienda diseñada por el referente modernista Victor Horta.*

Cómo llegar y desplazarse

Ⓜ A esta céntrica zona se llega fácilmente desde las estaciones de metro De Brouckère, Gare Centrale y Rogier.

🏃 Al ser un área compacta es viable ir a pie de un punto de interés a otro, disfrutando de los murales de la zona.

Plano de la zona en p. 88.

Las mejores experiencias 📷

Recorrer los 'cafés' y casas gremiales de la Grand Place

Animada con cafés (bares) clásicos, su ambiente varía según la hora. Lo ideal es visitarla más de una vez, y de noche la iluminación le confiere un aspecto mágico. El elemento de referencia es el imponente ayuntamiento gótico, con una espigada aguja, pero cada una de las casas gremiales (casi todas erigidas entre 1697 y 1705) presume de encanto propio.

◉ PLANO P. 88, E5

Ⓜ Gare Centrale

Hôtel de Ville

Construido entre 1444 y 1480, el espléndido **Hôtel de Ville** (ayuntamiento; www.bruxelles.be) fue el único edificio de la Grand Place en sobrevivir incólume a los cañones franceses en 1695. Su fachada de piedra color crema está cubierta de gárgolas góticas y relieves. Y su altísima torre está coronada por una estatua dorada de san Miguel, patrón de Bruselas.

Edificios y casas gremiales

Entre las preciosas construcciones de la Grand Place figuran, por número de portal y gremio: (5; arqueros) **La Louve** (la loba) luce un fénix dorado que simboliza el resurgir de la Grand Place tras el bombardeo de 1695; (6; barqueros) **Le Cornet** (el cuerno) tiene un gablete en forma de popa; (9; carniceros) **Le Cygne** (el cisne) fue hogar de Karl Marx en 1847; (10; cerveceros) **L'Arbre d'Or** (el árbol de oro) está adornado con plantas de lúpulo que trepan por sus columnas. En la foto (24-25; sastres) aparecen entre viviendas La Chaloupe d'Or (la bota dorada) y (26-27; pintores) Le Pigeon (la paloma).

Maison du Roi

Despliegue de arcos neoclásicos, estatuas de cardenillo y pequeñas agujas más nutrido, oscuro y casi 200 años más reciente que las otras casas gremiales. Otrora mercado medieval de pan, sus obras maestras actuales datan de 1873 y acoge el Museo de la Ciudad de Bruselas (p. 91). Es imprescindible ver *El cortejo nupcial*, pintado en 1567 por Pieter Brueghel el Viejo, y el original del *Manneken Pis* (el de la fuente es una réplica).

Mansión de los duques de Brabante

Consta de seis casas de 1698, erigidas detrás de una única y suntuosa fachada modificada en 1882. De haberse impuesto la voluntad del gobernador imperial tras el bombardeo, toda la plaza luciría hoy el mismo estilo palaciego.

★ Consejos

○ Los circuitos gratuitos que ofrecen numerosas empresas siempre salen de la Grand Place.

○ Se organizan visitas guiadas del ayuntamiento.

○ En el ayuntamiento hay una práctica sucursal de Visit Brussels, ideal para surtirse de mapas y recabar información.

○ La Grand Place acoge toda clase de eventos, desde mercados navideños y conciertos de *rock* a la extraordinaria "alfombra floral" (ago, cada dos años).

✕ Una pausa

Reponer fuerzas con un té con galletas *speculoos* o un helado en la histórica Maison Dandoy (p. 95), a un paso de la Grand Place.

Una opción más refinada para comer en la misma plaza es el **'T Kelderke** (restaurant-het-kelderke.be).

Las mejores experiencias 📷
Conocer los cómics del Centre Belge de la Bande Dessinée

El centro belga del cómic repasa la evolución de las tiras cómicas, desde su creación a los artistas más influyentes y su obra, pasando por los dibujantes contemporáneos de mayor renombre. Nadie debería perderse el luminoso antiguo almacén textil que aloja el museo, construido en acero y vidrio por el arquitecto modernista Victor Horta en 1906.

◎ PLANO P. 88, H2
Centro Belga del Cómic
comicscenter.net

La invención de la tira cómica

Este recorrido por la historia del noveno arte, que se remonta a la Antigüedad, sostiene de manera convincente que los manuscritos de los monjes medievales –con sus tiras divididas y bocadillos– fueron los primeros tebeos. La revolución continúa hasta las historietas ilustradas de los periódicos neoyorquinos del s. xix.

El museo de la imaginación

Esta galería está consagrada al personaje de cómic preferido de Bélgica: Tintín, creado por el gran Hergé, que presenta al protagonista como un inexpresivo "hombre normal y corriente", capaz de transformarse en una abuela, un indio con turbante o un barbudo erudito. En cambio, el volátil Capitán Haddock es puro desenfreno. Las historias a menudo se desencadenan a partir de los malentendidos y ocurrencias del profesor Tornasol. El museo también explora otros artistas belgas en menor profundidad, entre los que destaca Peyo, creador de los Pitufos.

El edificio de Horta

Diseñado como unos grandes almacenes en 1906, este encantador espacio tiene un suelo de baldosas que forman remolinos, esbeltas columnas de metal, vigas y rejillas, y un techo de cristal por el que se cuela la luz. Según se entra, una réplica en pequeño del cohete rojo de Tintín contrasta sobre la piedra clara; a la derecha hay una pequeña exposición sobre la construcción, declive (en 1965, tras el cierre de los grandes almacenes) y posterior restauración (1987-1989) del edificio.

★ **Consejos**

○ No se cobra ni por entrar al vestíbulo central ni por tomar un café en el local contiguo.

○ Las exposiciones temporales de la planta superior están dedicadas a tiras cómicas internacionales.

○ No hay que perderse la tienda que, lejos de vender mercadotecnia, se centra en los libros.

○ Al lado hay una librería especializada en cómics en francés.

✕ **Una pausa**

La adyacente **Brasserie Horta** (brasseriehorta.be) es una atractiva opción para saborear clásicos belgas.

También cabe dar un paseo hasta la clásica Brasserie Arcadi (p. 92), al fondo de las Galeries St-Hubert.

A B C D

17
36
1
40
15 31
R de Flandre
R Antoine Dansaert
R L'Epage
Cubitus
39 29
R du Pays de Liège
R du Nom de Jésus
R de Flandre
R Antoine Dansaert
R du Rouleau
Ste-Catherine
Marché aux Poissons
Q au Bois à Brûler
Q aux Briques
R du Chien Marin
R du Peuplier
Pl du Béguinage
STE-CATHERINE
R de Laeken

2
R Rempart des Moines
Pl du Nouveau Marché aux Grains
R de la Braie
34
Pl Ste-Catherine
R Melsens
Pl du Samedi
Pl du Samedi
R de la Vierge Noire
R des Halles

60
14
16 22
Ste-Catherine
20
R des Poissonniers

3
R du Boulet
52 53
R du Vieux Marché aux Grains
51
43
R du Pont de la Carpe
48
30
R Auguste Orts
R Paul Devaux
Bruxella 1238
28
Bourse
8 7
R Henri Maus

24
Pl du Jardin aux Fleurs
R des Fabriques
R des Chartreux
R Pletinckx
25
38
R J Van Praet
49
Blvd Anspach
58
42
45
Bourse y Belgian Beer World

4
ST-GÉRY
R St-Christophe
R Van Artevelde
Pl St-Géry
Borgval
R St-Géry
R des Riches Claires
R des Teinturiers
R Plattesten
Broussaille
41
54
R du Midi
R du Lombard

5
R de la Buanderie
R Van Artevelde
R des 6 Jetons
R de la Grandelle
Blvd Anspach
47
Tibet y Duchâteau
Tintin
'Manneken Pis'

6
R d'Anderlecht
R du Vautour
MAROLLES
Pl Fontainas
R du Marché au Charbon
R des Grands Carmes
50
R des Bogards
R de Gaulthier
R des Moineaux
R du Midi
R de l'Étuve
R du Chêne
33
4
61
Blvd Maurice Lemonnier
R des Alexiens
35

A B C D

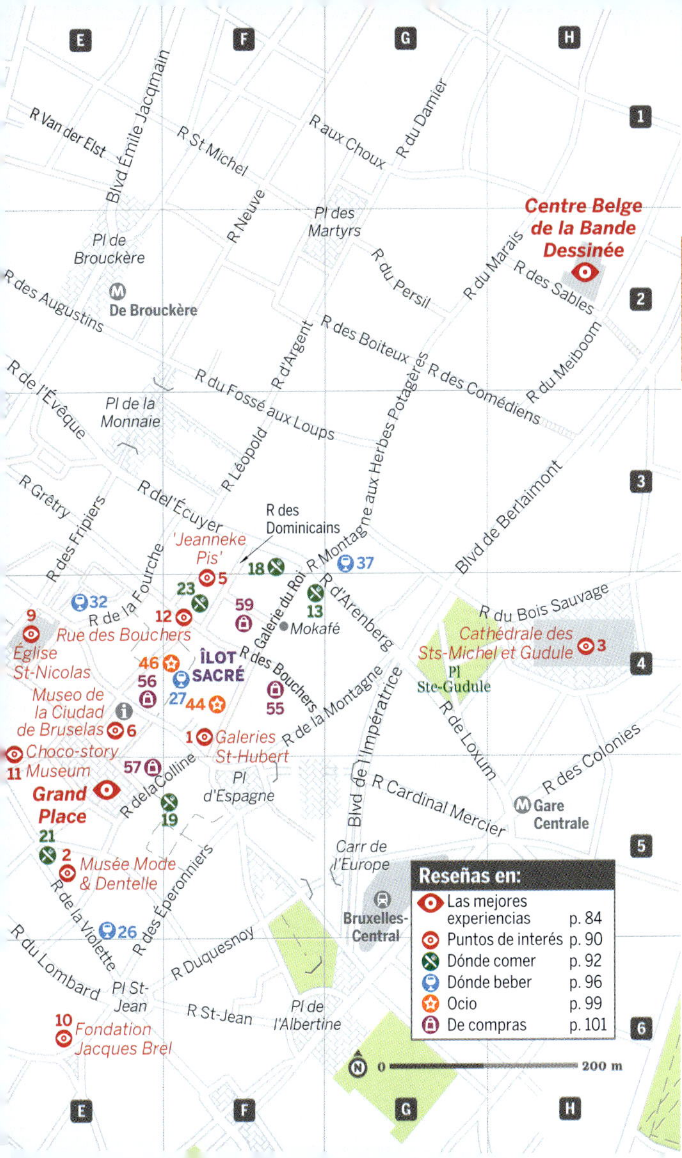
E
F
G
H
1
2
3
4
5
6
R Van der Elst
Blvd Émile Jacqmain
R St Michel
R aux Choux
R du Damier
R Neuve
Pl des Martyrs
Centre Belge de la Bande Dessinée
Pl de Brouckère
De Brouckère
R des Augustins
R du Persil
R du Marais
R des Sables
R d'Argent
R des Boiteux
R des Comédiens
R du Meiboom
R de l'Évêque
Pl de la Monnaie
R du Fossé aux Loups
R Léopold
R Montagne aux Herbes Potagères
R Grétry
R des Fripiers
R del'Écuyer
R des Dominicains
Blvd de Berlaimont
'Jeanneke Pis'
5
18
37
23
32
R de la Fourche
12
59
13
Galerie du Roi
R d'Arenberg
R du Bois Sauvage
9
Rue des Bouchers
Mokafé
Cathédrale des Sts-Michel et Gudule
3
Église St-Nicolas
46
ÎLOT SACRÉ
R des Bouchers
Pl Ste-Gudule
56
27
44
55
Museo de la Ciudad de Bruselas
6
1
Galeries St-Hubert
R de la Montagne
R de l'Impératrice
R de Loxum
Choco-story
11
Museum
57
R delaColline
Pl d'Espagne
R Cardinal Mercier
Blvd de l'Impératrice
R des Colonies
Grand Place
19
Gare Centrale
21
2
Musée Mode & Dentelle
Carr de l'Europe
R des Éperonniers
R de la Violette
Bruxelles-Central
26
R du Lombard
R Duquesnoy
Pl St-Jean
R St-Jean
Pl de l'Albertine
10
Fondation Jacques Brel
Reseñas en:
Las mejores experiencias p. 84
Puntos de interés p. 90
Dónde comer p. 92
Dónde beber p. 96
Ocio p. 99
De compras p. 101
0
200 m
N

Puntos de interés

Galeries St-Hubert ARQUITECTURA

1 PLANO P. 88, F4

Tras ser inaugurada por el rey Leopoldo I en el año 1847, esta sublime galería comercial se convirtió en la primera de toda Europa. Son muchos los tentadores comercios situados tras sus arcos neoclásicos acristalados, flanqueados de pilastras de mármol. También hay varios *cafés* con mesas diseminadas por la terraza de la galería, bajo el techo de cristal. Queda junto a Rue du Marché aux Herbes. (grsh.be)

Musée Mode & Dentelle MUSEO

2 PLANO P. 88, E5

El encaje es, desde el s. XVI, uno de los productos artesanales más preciados de la región de Flandes. Mientras que el *kloskant* (de bolillos) es originario de Brujas, el *naaldkant* (de aguja) se desarrolló en tierras de Italia, pero se incorporó principalmente en Bruselas. Este excelente museo muestra su uso en la ropa interior y de calle a lo largo de los siglos, exhibe confecciones de lujo magníficamente presentadas y, además, ofrece una novedosa mirada a la vanguardista industria belga de la moda. (Museo de la Moda y el Encaje; fashionandlace museum.brussels)

Cathédrale des Saints Michel et Gudule IGLESIA

3 PLANO P. 88, H4

Escenario de coronaciones y bodas reales, la catedral de Bruselas, con sus dos torres gemelas, recuerda a Notre Dame. Empezó a construirse en 1226, pero no se completó hasta pasados 300 años. La luz inunda la nave a través de los vitrales y los apóstoles en hileras blanden elementos dorados. Un enorme púlpito de madera tallada representa la escena de la expulsión de Adán y Eva del paraíso. Para subir a las torres (10 €; sa mar-oct, con circuito guiado) hay que reservar dos semanas antes. (cathedralisbruxellensis.be)

'Manneken Pis' MONUMENTO

4 PLANO P. 88, D6

Jalonada de tiendas de chocolate y baratijas, Rue Charles Buls, la calle más descaradamente comercial de la capital, acompaña a las huestes a lo largo de tres manzanas desde la Grand Place al *Manneken Pis*. Esta fuente-estatua de un muchacho haciendo pipí es cómicamente diminuta y un símbolo nacional que encaja a la perfección con la surrealista esencia belga. Casi todo el tiempo, su desnudez se oculta bajo un atuendo relacionado con algún aniversario, fiesta nacional o acontecimiento local; su creciente vestuario puede verse en el cercano **GardeRobe Manneken Pis.** (mannekenpis.brussels)

'Jeanneke Pis' MONUMENTO

5  PLANO P. 88, F4

En cuclillas y con coleta, esta equivalente femenina del *Manneken Pis* es obra del escultor Denis Adrien Debouvrie, que la instaló cerca de Rue des Bouchers en 1985. Una verja cerrada impide que se aprecie por completo.

Museo de la Ciudad de Bruselas MUSEO

6  PLANO P. 88, E4

Mapas antiguos, reliquias arquitectónicas y cuadros brindan una visión global de la ciudad. Repárese en el cuadro *Cortejo nupcial,* de Pieter Brueghel el Viejo (1567). La entrada incluye la visita al GardeRobe Manneken Pis (p. 90). (Musée de la Ville de Bruxelles; www. brusselscitymuseum.brussels)

Bourse y Belgian Beer World EDIFICIO NOTABLE

7  PLANO P. 88, D4

La Bourse es la sede, de 1873, de la Bolsa belga. Primero toca ver su soberbia fachada neoclásica, festoneada de frisos y esculturas, desnudos reclinados y una retahíla de figuras alegóricas (varias piezas son de Auguste Rodin, por entonces un joven aprendiz). Luego, tras atravesar un pasaje techado, se observará una imponente cúpula. El revelador Museo del Mundo de la Cerveza Belga abrió en el 2023 en el 1er piso. No hay que perderse el bar de la azotea, abierto al público. (belgianbeerworld.be)

Galeries St-Hubert.

Bruxella 1238 YACIMIENTO ARQUEOLÓGICO

8  PLANO P. 88, D4

He aquí los escasos restos de un convento franciscano bombardeado en 1695, en buena medida solo visibles a través de las ventanas colocadas en la calle, junto al *café* Le Cirio (p. 96). (boursebeurs.be/en/bruxella-1238)

Église St-Nicolas IGLESIA

9  PLANO P. 88, E4

Esta microscópica iglesia próxima a la Bourse es tan antigua como Bruselas. Lo que la hace especial es que sea prácticamente invisible, pues su exterior está tapado por tiendas. Está dedicada al patrón de los comerciantes, como no podría ser de otra manera.

Fondation Jacques Brel MUSEO

10 ◎ PLANO P. 88, E6

El *chansonnier* Jacques Brel (1929-1978) debutó en 1952 en un cabaré en su Bélgica natal antes de lanzarse a la fama en París –donde fue coetáneo de Édith Piaf, entre otras leyendas–, ciudad en la que siguió cantándole a las melancólicas llanuras de su terruño. El museo, recientemente remodelado, puede verse en un circuito con audioguía que es obligado para sus admiradores. (jacquesbrel.be)

Choco-Story Museum MUSEO

11 ◎ PLANO P. 88, E4

Las exposiciones del museo del cacao y el chocolate documentan rápidamente la historia del producto en Europa, junto con sus propiedades rejuvenecedoras y antidepresivas. Durante la visita, un par de sitios permiten probar el praliné que elaboran al momento. Mejor aún son los cursos de fabricación de praliné de 1 h que esporádicamente organiza el museo. (choco-story-brussels.be)

Rue des Bouchers CALLE

12 ◎ PLANO P. 88, F4

Las coloridas Rue y Petite Rue des Bouchers son un par de callejas invadidas por terrazas, pirámides de limones, y expositores con pescados y crustáceos. Todo es muy fotogénico, pero se desaconseja comer aquí, pues la calidad deja que desear. No hay que irse sin echar un vistazo al teatro de marionetas Toone (p. 100), así como a la cercana e imperecedera tienda de galletas Maison Dandoy (p. 95), llena de espléndidos moldes de figuras de *speculaas/speculoos*.

Dónde comer

Brasserie Arcadi ASADOR €€

13 ✕ PLANO P. 88, F4

Clásico bistró que triunfa entre los del lugar, tanto por sus tentadores pasteles, tartas de frutas y tarros de conservas como por sus rentables comidas, servidas durante todo el día por su amable personal. En una bonita ubicación, cerca de las Galeries St-Hubert, es un sitio genial para darse un dulce capricho. (arcadi.be)

Mer du Nord PESCADO Y MARISCO €

14 ✕ PLANO P. 88, C2

Reputada pescadería que atrae a una mezcla de lugareños y turistas. Solo hay que pedir y, una vez esté listo, anunciarán el nombre del cliente con un megáfono. Se puede comer sentado o de pie en las mesas altas que montan en el empedrado. Bordan las gambas rebozadas. (Noordzee; noordzee merdunord.be)

MOK VEGETARIANA €

15 ✕ PLANO P. 88, A1

Sirve unos de los mejores cafés de la capital y un amplio abanico de platos de inspiración vegetariana, como ñoquis con crema de guisantes y menta, col asada con chips de verduras o su legendaria

Murales callejeros

Más de 40 murales relacionados con los cómics animan las calles y callejuelas del casco antiguo, y su número va en aumento cada año. Estas coloridas obras de arte son un buen incentivo para explorar barrios menos visitados. Algunos de los favoritos son:

Tibet y Duchateau (plano p. 88, C5; Rue du Bon Secours 9; Ⓜ Bourse) Representa con tino la figura a tamaño real del detective Ric Cochet tambaleándose hacia una ventana en trampantojo.

Josephine Baker (plano p. 88; Rue des Capucins 9; Ⓜ Porte de Hal) En uno de los murales más característicos de Marolles, la sensual cantante, que lleva un leopardo con correa, estrecha la mano de un corpulento monje. Detrás, tanto en el mural como en la realidad, asoma la cúpula del Palais de Justice. Baker actuaba en Bruselas en las décadas de 1920 y 1930, y tenía un leopardo por mascota.

Tintín (plano p. 88, D5; Rue de l'Étuve; Ⓜ Bourse) El personaje de ficción más famoso de Bélgica tiene su propio mural.

Broussaille (plano p. 88, D5; Rue du Marché au Charbon; Ⓜ Bourse) Representa a una joven pareja del brazo. El original, de 1991, mostraba a una pareja de sexo ambiguo que los comercios gais de la zona usaban como reclamo del barrio. Sin embargo, al volver a pintarlo en 1999, a la figura de pelo moreno (Catherine) se le dotó de un peinado más femenino, pendientes y pechos algo más grandes.

Quique y Flupi (plano p. 88; Rue Notre-Seigneur 19; Ⓜ Louise) Dos personajes de Hergé pintados en Marolles, el barrio en el que supuestamente vivían, haciendo una de las suyas.

Cubitus (plano p. 88, B1; Rue de Flandre; Ⓜ Ste-Catherine) Un desconcertado *Manneken Pis* mira hacia su pedestal, del que ha sido desplazado por un perro sonriente haciendo pis.

FC de Kampioenen (plano p. 88; Rue du Canal; Ⓜ Ste-Catherine) Colorido y dinámico mural que no representa a un club de fútbol, sino a un conjunto de personajes de una serie de televisión que se emitió de 1990 al 2011. Hec Leemans lo convirtió en cómic en 1997.

Sacrificio de Isaac (plano p. 88; Blvd Barthélémy; Ⓜ Ste-Catherine) Del 2016 al 2017 apareció en la ciudad una nueva serie que plasmó genitales masculinos y femeninos y una escena muy gráfica del *Sacrificio de Isaac,* obra de Caravaggio. El artista es anónimo y la temática, muy distinta a la de los murales –indefectiblemente alegres– autorizados por el consistorio.

Cremerie de Linkebeek.

tostada de aguacate. Tiene un gran ventanal que da a Rue Dansaert. (mokcoffee.be)

Cremerie de Linkebeek

DELICATESEN €

16 PLANO P. 88, C3

Fundada en 1902, la mejor *fromagerie* de Bruselas conserva sus azulejos esmaltados originales y sigue vendiendo una seductora selección de quesos, que pueden probarse en crujientes baguetes con ensalada fresca, envueltas en papel a rayas y listas para engullirse en un banco cercano. (cremerie delinkebeek.be)

Nightshop

BISTRÓ €€

17 PLANO P. 88, A1

Pese al nombre, no es lugar para comprar una última botella de vino o algo para picar de madrugada. O al menos no solo eso. Sí, es posible conseguir vino y tentempiés, pero lo principal en este antiguo taller es que uno puede sentarse y disfrutar de una comida deliciosa complementada por vinos naturales. De la mano de la londinense Jocasta Allwood se saboreará cocina espontánea que combina influencias procedentes de todo el orbe. (instagram.com/nightshop. brussels)

Zotte Mouche
BELGA €€

18 PLANO P. 88, F3

Si apetece probar clásicos en un ambiente no tan clásico, sin duda este es el lugar. Zotte Mouche juega la baza de la nostalgia con tino, ofreciendo platos que cualquier belga lleva comiendo desde niño, como melocotones con atún, pollo con compota o endivias gratinadas. La estética es de estilo años sesenta y de jueves a sábados DJ Has-Been anima el cotarro. (zottemouche.be)

Veganwaf
COMIDA RÁPIDA

19 PLANO P. 88, F5

Gracias a este puestecito dentro de las Galleries Agora, los veganos ahora también sucumben a los gofres de Bruselas o de Lieja. Son más ligeros que los clásicos e igual de deliciosos. (facebook.com/veganwaf)

Nona
PIZZA €

20 PLANO P. 88, C3

Con un toldo a rayas, un mostrador de mármol y pizzas napolitanas de fermentación lenta, Nona es como un trocito de Italia en Bruselas. Eso sí, salvo por los tomates y el aceite de oliva, todos los ingredientes que usan son nacionales y en su mayoría ecológicos, incluida la mozzarella di bufala. Pruébense las invernales pizzas de calabaza y beicon; la de gorgonzola, pera y piñones; o, por qué no, la certera vegetariana. (nonalife.com)

Maison Dandoy
PANADERÍA €

21 PLANO P. 88, E5

En la brecha desde 1829, la biscuiterie más famosa de Bruselas tiene cinco locales, entre ellos este, con salón de té. El chocolate con el que recubren sus galletas lo elabora a mano Laurent Gerbaud. (maisondandoy.com)

Charli
PANADERÍA €

22 PLANO P. 88, C3

Fabulosa pequeña panadería alojada en un edificio con gablete y una curiosa fachada pintada con un colorido mapa. Venden desde exclusiva patisserie hasta cruasanes y pain au chocolat a solo 1,90/2 €. Los ingredientes son ecológicos y naturales, y todo se prepara en su obrador. El colofón perfecto a un festín a base de frutos de mar en el cercano Mer du Nord (p. 92). (charliboulangerie.be)

Chez Léon
BELGA €€

23 PLANO P. 88, F4

Muy apreciado por servir auténticos "mejillones de Bruselas", este veterano es un buen sitio para probarlos si no importa que las raciones (850 g, aprox.) sean más escasas de lo habitual. Está repartido por varias casas con gablete y la decoración varía desde agradablemente clásica a tirando a hortera, dependiendo de dónde se siente uno. (chezleon.be)

Dónde beber

Gofres

Los lugareños compran gofres "de verdad" en **Mokafé** (plano p. 88, F4; 02-511 78 70), un *café* a la vieja usanza bajo el arco acristalado de las **Galeries St-Hubert** (p. 90). Las sillas de mimbre de la preciosa galería ofrecen buenas vistas del trasiego. Recuérdese que los gofres tradicionales tienen 20 cuadrados y que, en vez de ponerles nata por encima, se les espolvorea azúcar glas.

In't Spinnekopke

BELGA €€

24 PLANO P. 88, A4

Clásico inmemorial que ocupa una atractiva casita encalada del s. XVII, con una terraza que en verano se desparrama por la renovada plaza. Ofrece especialidades locales y carnes en salsa de cerveza, auténticas pero algo caras. Varias mesas están una pizca apiñadas. (spinnekopke.be)

Entropy Restaurant

DE AUTOR

25 PLANO P. 88, C4

El restaurante de Elliott Van de Velde tienta con un refinado menú de seis pasos, consistente en platos a base de plantas. La carta de vinos ecológicos está llena de sorpresas. Destina sus beneficios a Hearth Project, una iniciativa que lucha contra el desperdicio de alimentos y la desigualdad social. (entropyrestaurant.be)

Dónde beber

Goupil le Fol

BAR

26 PLANO P. 88, E5

Una extraña sensación asalta al viajero ante esta sobrecarga sensorial de pasadizos inconexos, trajinados sofás e inexplicables brebajes en su mayoría hechos a base de intensos vinos macerados con fruta. No sirven cerveza. Imprescindible. (goupillefol.com)

Toone

BAR

27 PLANO P. 88, F4

En el teatro clásico de marionetas de Bruselas (p. 100), este acogedor e irresistible bar con envigado de madera sirve cerveza y tentempiés.

Le Cirio

PUB

28 PLANO P. 88, D4

Lustroso *grand café* de 1886 que encandila con su latón pulido y camareros con delantal, pero los precios no son exorbitantes y aún lo frecuentan coquetas *mesdames* con perritos, que se suman a los turistas. La especialidad de la casa es una mezcla a partes iguales de vino y espumoso. (lecirio.be)

Au Bassin

BAR

29 PLANO P. 88, C1

Al margen de las cercanas opciones turísticas, este local de estética industrial es ideal para probar cervezas locales –como las de Brussels Beer Project, las de

Brasserie de la Senne (brasserie delasenne.be) o una suave artesana– en compañía de una parroquia flamenca. Hay montones de juegos de mesa y guías de viajes, y, escaleras arriba, otro bar y una sala de eventos. (aubassin.be)

Le Coq
PUB

30 PLANO P. 88, D4

Lo más parecido a un *café* rural en pleno centro de Bruselas, con bonitos revestimientos y lámparas de época. Derrocha personalidad, promete una larga lista de cervezas (algunas artesanas) y, si uno se sienta a la barra, seguramente entablará conversación en un santiamén. (visit.brussels/en/visitors/venue-details.Cafe-Le-Coq.245063)

Brussels Beer Project
CERVECERA

31 PLANO P. 88, A1

Un flujo constante de novedades, sumado a magníficas cervezas, convierte esta microcervecería y bar en una de las apuestas más innovadoras del panorama cervecero local. También venden variedades clásicas, como la Delta IPA o la Grosse Bertha (de trigo), y además ofrecen visitas guiadas de su fábrica de Port Sud, en Anderlecht. (beerproject.be)

Au Bon Vieux Temps
PUB

32 PLANO P. 88, E4

Pasando bajo la estatua de san Nicolás y tras viajar en el tiempo se encuentra esta joya de 1695,

con lujosas chimeneas, fascinantes personajes e incluso la mítica Westvleteren 12 entre sus cervezas. (02-217 26 26)

Poechenellekelder
PUB

33 PLANO P. 88, D6

Pese a estar en la calle más turística de Bruselas, es un *café* sorprendentemente atractivo, repleto de viejas marionetas y con una gran selección de cervezas a precios bastante justos, como la Oerbier o *gueuze* (variedad lámbica) de barril. (poechenellekelder.be)

Roskam
BAR

34 PLANO P. 88, C2

El alicatado azul marino y un letrero con la cabeza de un caballo identifican claramente a este

Brussels Beer Project.

ALEXANDROS MICHAILIDIS/SHUTTERSTOCK ©

pequeño y acogedor bar y sala de conciertos con excelentes sesiones de *jazz* los domingos por la noche en un vistoso marco modernista. (cafe-roskam.be)

La Fleur en Papier Doré PUB

35 PLANO P. 88, D6

Diminuto lugar, adorado por artistas y lugareños, con paredes manchadas de nicotina cubiertas de mensajes, dibujos y garabatos (algunos a cambio de consumiciones gratis) obra de René Magritte y sus amigos surrealistas. El letrero *"Ceci n'est pas un musée"* (Esto no es un museo), guiño al título de uno de sus famosos cuadros, recuerda que, para curiosear, antes se debe consumir. (goudblom mekeinpapier.be)

Poechenellekelder.

JOSUELL'ON/SHUTTERSTOCK ©

Walvis BAR

36 PLANO P. 88, A1

No se cobra entrada, el ambiente bulle y el personal es genial en este molón bar en el que suena desde *soul* y punk a *rock* progresivo. Además, sirven comidas durante el día, pero interesa reservar antes. (cafewalvis.eatbu.com)

À la Mort Subite BRUIN CAFÉ

37 PLANO P. 88, G3

Todo un clásico que no ha cambiado desde 1928, con mesas de madera alineadas, espejos con arco y un servicio divertidamente brusco. Gran variedad de *gueuzes* y *krieks* (cerveza local similar a la lámbica). Pruébense las *tartines* (tostas) de requesón. (alamortsubite.com)

Café des Halles CLUB

38 PLANO P. 88, C4

Lindo *café* en un antiguo mercado techado construido en lo que antes era la isla de St-Géry, donde nació Bruselas. Con una alta cubierta acristalada y galerías de hierro forjado, es de lo mejorcito de la zona. Su amplia terraza a cubierto es un aliciente adicional. (facebook.com/cafedeshallesbxl)

Au Laboureur PUB

39 PLANO P. 88, B1

Bar sin pretensiones entre locales a la última, que sigue atrayendo a señores con bigotones entregados a la cerveza y a señoras que juegan a las cartas. Los hípsters se dejan ver entrada la noche. Disfrútese ahora antes de que gentrifique en exceso.

LIB
COCTELERÍA

40 🚇 PLANO P. 88, A1

Lejos de jugar la baza del bar clandestino, como hacen tantas coctelerías, el LIB es un establecimiento sin alardes pero acogedor, con mesas de madera, plantas por doquier y largas repisas llenas de exóticos licores. Sus cócteles, sencillamente espectaculares, son fruto de la creatividad y están pensados para disfrutarse cual delicia *gourmet*. (Life Is Beautiful; libcocktailbar.com)

Le Belgica
BAR

41 🚇 PLANO P. 88, D5

Los DJ transforman lo que parece un clásico *bruin café* de la década de 1920 en uno de los locales de ambiente más populares de Bruselas. Hay que probar (siempre con moderación) su *jenever* casera macerada con limón. (lebelgica.be)

Ocio

Bonnefooi
BAR

42 ⭐ PLANO P. 88, D4

De miércoles a domingo, desde las 20.00 hasta las tantas, el "De casualidad" se llena de juerguistas y entusiastas de la música que acuden para una noche de conciertos y sesiones de DJ. Su impresionante balcón y su araña de luces le dan empaque. (bonnefooi.be)

Rue des Bouchers

Los toldos bajos con lucecitas, los puestos de ostras en plena calle y los camareros con delantal a la caza de clientes llenan la angosta Rue des Bouchers (p. 92), que cruza las Galeries St-Hubert. Es turística a más no poder y la mala calidad de la comida espanta a los lugareños. Solo **Aux Armes de Bruxelles** se salva de la quema.

L'Archiduc
JAZZ

43 ⭐ PLANO P. 88, C3

Íntimo bar *art déco* donde el *jazz* lleva sonando desde 1937. Es un insólito espacio circular repartido en dos niveles, capaz de conservar su encanto incluso abarrotado. Para entrar, hay que pulsar el timbre. Los conciertos de los sábados (17.00) son gratis; no así los de los domingos, a cargo de artistas internacionales, y el precio puede variar. Sirve cócteles sublimes. (archiduc.net)

Cinéma Galeries
CINE

44 ⭐ PLANO P. 88, F4

Dentro de las distinguidas Galeries St-Hubert se encuentra esta belleza *art déco* que proyecta cine internacional y de autor. Una auténtica experiencia de regusto local. (galeries.be)

Music Village

JAZZ

45 ⭐ PLANO P. 88, D4

Refinada sala de *jazz* con un centenar de butacas, que ocupa dos edificios que datan del s. XVII, con servicio de cena (opcional) a partir de las 19.00 y conciertos desde las 20.30 (21.00 los fines de semana). Los músicos se apretujan en una pequeña tarima visible desde todas las localidades. Se recomienda reservar. (themusicvillage.com)

Théâtre Royal de Toone

TEATRO

46 ⭐ PLANO P. 88, F4

Ocho generaciones de la familia Toone han organizado funciones con marionetas clásicas en dialecto de Bruselas en este encantador teatro, indispensable en cualquier visita a la ciudad. Apunta a adultos, aunque también gusta mucho a los más pequeños. (toone.be)

Cabaret Mademoiselle

CABARÉ

47 ⭐ PLANO P. 88, C5

Burlesca y alborotada: así es esta flamante dirección que combina espectáculos de *drags,* circo y comedia, al calor de excelentes cervezas belgas. (cabaretmademoiselle.be)

Bizon

BLUES

48 ⭐ PLANO P. 88, C3

En una calle de St-Géry repleta de bulliciosos *cafés,* este antro de moda ofrece conciertos de *blues* y una buena gama de cervezas y *jenever.* (cafebizon.com)

Palace Cinema

CINE

49 ⭐ PLANO P. 88, D4

Impresionante cine y auditorio de 1905 (el más antiguo de la ciudad), alojado en un fabuloso edificio modernista. Durante años fue un club nocturno. El vestíbulo luce toscas columnas de hormigón

'Jazz' en Bruselas

Bélgica es muy especial para los amantes del *jazz:* es la tierra natal de Adolphe Sax (inventor del saxofón), del guitarrista romaní Django Reinhardt y del genio de la armónica Toots Thielemans. Además del **Music Village,** otros locales emblemáticos y muy queridos en Bruselas son **Jazz Station** (Chau. de Louvain 193/A; jazzstation.be), en una antigua estación de trenes en Saint-Josse, **L'Archiduc** (p. 99) y **Sounds** (Rue de la Tulipe 28; sounds.brussels), en Ixelles. El **Brussels Jazz Weekend** (lottobrusselsjazzweekend.be) se celebra durante tres días de mayo en los que las plazas, bares y hoteles de la ciudad se rinden a sus actuaciones gratuitas. La Grand Place se reserva para los artistas de relumbrón.

y estrafalarias lámparas, mientras que en sus cuatro salas pueden verse tanto películas independientes como comerciales. (cinema-palace.be)

Chez Maman
CABARÉ

50 ⭐ PLANO P. 88, C5

El cabaré preferido de la capital, donde Maman cautivó al público durante más de 20 años hasta que decidió retirarse y pasarle el testigo a la fabulosa Sugar Love. (chezmaman.be)

De compras

Isabelle Bajart
VINTAGE

51 🔒 PLANO P. 88, B3

Isabelle escoge personalmente la ropa y accesorios de su tienda, ya sean marcas exclusivas, artículos de lujo o confecciones más asequibles. Cada pieza es de una época distinta, pero todas comparten su condición atemporal. (isabellebajart.be)

Mixage Creator Concept Store
TIENDA CONCEPTUAL

52 🔒 PLANO P. 88, B3

Mixage es una plataforma que brinda a nuevos diseñadores la oportunidad de mostrar sus incomparables creaciones. Como estas rotan cada seis meses, los clientes pueden esperar encontrar siempre nuevos artículos para todos los bolsillos, incluida ropa, menaje, joyería, cosméticos y demás. Los expositores, encargados de gestionar la tienda por

turnos, sienten verdadera pasión por compartir su trabajo.

Passa Porta
LIBROS

53 🔒 PLANO P. 88, C3

Elegante librería con una pequeña pero notable sección dedicada a títulos en inglés. En la web anuncian encuentros literarios, muchos en inglés. Asimismo, sufraga un programa de residencias para escritores y ayuda a buscar alojamiento a autores en el exilio. (passaporta.be)

Planète Chocolat
CHOCOLATE

54 🔒 PLANO P. 88, D5

Que sus moldes y chocolates se hagan *in situ* es garantía de frescura y originalidad. Los sábados (16.00) y los domingos (15.00) hay

Passa Porta.

AGEFOTOSTOCK/ALAMY STOCK PHOTO ©

Mercado de flores en la Grand Place.

Grand Place e îlot Sacré De compras

demostraciones de elaboración de pralinés (con degustaciones) en las que, además de explicarse la evolución del chocolate, los participantes pueden hacer sus propias creaciones. Resérvese en línea. (planetechocolat.be)

Neuhaus
CHOCOLATE

55 🔒 PLANO P. 88, F4

Vitrales y suntuosos mostradores distinguen la espectacular tienda principal (1857) del auténtico inventor del praliné, creado aquí en 1912. (neuhauschocolates.be)

De Biertempel
BEBIDAS

56 🔒 PLANO P. 88, E4

Fiel al nombre, esta tienda es un templo de la cerveza donde venden más de un millar de variedades –con sus correspondientes vasos– y demás parafernalia cervecera. Para cervezas más corrientes o si se quiere comprar en cantidad, lo mejor es hacer como los lugareños e ir al supermercado. (biertempel.wixsite.com/debiertempel)

Boutique Tintin
LIBROS

57 🔒 PLANO P. 88, E5

No hay que ser adivino para saber quién es el protagonista indiscutible de esta tienda repleta de cómics y bonitos artículos de recuerdo. (tintin.com)

Brüsel
LIBROS

58 🔒 PLANO P. 88, D4

Vistosa tienda de cómics que lleva el nombre del álbum de uno de los artistas del género más famosos del país, François Schuiten. Hay cómics traducidos al inglés y otros idiomas. (brusel.com)

Tropismes
LIBROS

59 🔒 PLANO P. 88, F4

Con columnas doradas rodeadas de guirnaldas y un historiado techo, esta es la librería más bella imaginable, con conexiones literarias en consonancia: aquí vivía la amante de Victor Hugo, Juliette Drouet, a quien el escritor –por entonces exiliado en Bruselas– visitaba asiduamente. Tienen varias obras en inglés. (tropismes.com)

Stijl
MODA Y ACCESORIOS

60 🔒 PLANO P. 88, B2

Magnífico establecimiento con una buena selección de ropa de diseño clásica de los Seis de Amberes (incl. Ann Demeulemeester y Dries Van Noten) y de diseñadores del momento como Christian Wijnants, Jan Jan Van Essche y Sofie D'Hoore. Stijl es un lugar en boga, pero nadie debería sentirse intimidado. Y, a diferencia de muchas *boutiques* del estilo, los precios están indicados claramente. (stijl.be)

Pêle-Mêle
LIBROS

61 🔒 PLANO P. 88, B6

Librería de segunda mano con un enorme y cambiante inventario que incluye títulos en inglés. También venden vinilos, videojuegos, juegos de mesa, DVD… (pele-mele.be/bruxelles)

Circuito a pie 🥾

Bruselas modernista

El modernismo es el estilo arquitectónico más distintivo de Bruselas, y a su exponente más prominente, Victor Horta (1861-1947), se le recuerda por sus atrevidos edificios de hierro forjado y vidrio rebosantes de luz. Esta ruta explora varias de sus obras maestras junto con encantadores edificios firmados por coetáneos suyos.

Datos

Inicio La Porteuse d'Eau
Final Hôtel Solvay
Distancia 3,5 km; 2 h

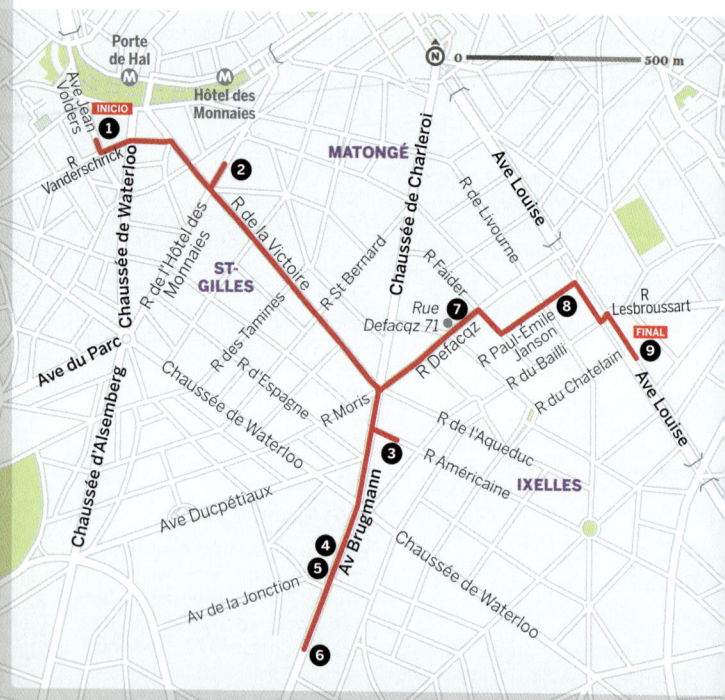

❶ La Porteuse d'Eau

Se va por Chaussée de Waterloo desde la Porte de Hal y, luego, se gira a la derecha por Ave Jean Volders. En el n° 48 se para a tomar café en el clásico modernista **La Porteuse d'Eau,** conocido por la despampanante vidriera del techo y sus historiados reservados de madera.

❷ Hôtel Winssinger

El **Winssinger,** en el n° 66 de Rue de l'Hôtel des Monnaies, es el típico edificio sobrio y nada ostentoso de Horta. Obsérvense su característica piedra pálida, el uso de metal en torno a las ventanas y sus balcones exquisitamente arremolinados.

❸ Musée Horta

Por más que se prefiera visitar este museo (p. 140) por separado para verlo todo sin prisas, vale la pena parar a admirar su exterior típicamente sencillo con un singular balcón cuya barandilla recuerda a una libélula.

❹ Les Hiboux

En Ave Brugmann hay dos encantadores edificios modernistas contiguos: la Maison Hannon de Jules Brunfaut y **Les Hiboux** de Édouard Pelseneer, adornado con búhos góticos. El padre de Pelseneer fabricaba muebles para Horta.

❺ Maison Hannon

Conviene dejar un hueco para visitarla, pues su renovado interior luce un espectacular invernadero y el espiralado fresco que decora las escaleras produce un efecto mágico al subir al piso de arriba.

❻ Maison-atelier Fernand Dubois

En el n° 80 de Ave Brugmann está la **Maison-atelier Fernand Dubois,** un edificio encargado a Horta por el diseñador al que debe su nombre, amigo y colaborador del arquitecto en la construcción del Hôtel Tassel. Hoy lo ocupa la embajada de Cuba.

❼ Maison Hankar

Los edificios del arquitecto Paul Hankar en Rue Defacqz son mucho más extravagantes que los de Horta, entre ellos la **casa del n° 71,** diseñada por Hankar como estudio propio.

❽ Hôtel Tassel

En el n° 6 de Rue Paul-Émile Janson se encuentra la primera casa verdaderamente modernista de Horta, el **Hôtel Tassel,** de 1893. Son suyos tanto los mosaicos y las vidrieras como la carpintería y los pomos.

❾ Hôtel Solvay

En el n° 224 de Ave Louise se yergue este hotel diseñado por Horta (hotelsolvay.be), considerado una de sus obras maestras, que puede verse en visitas guiadas de 40 min.

Circuito a pie 🥾

De compras por Ste-Catherine

Ste-Catherine es sinónimo de lo último en moda. Su vía principal, Rue Antoine Dansaert, trufada de vanguardistas diseñadores locales, constituye el eje central del panorama bruselense de la moda, mientras que en Rue de Flandre y Rue Léon Lepage hay boutiques más pequeñas y estrafalarias. Tras una sesión de compras o sencillamente ver escaparates, no hay como acercarse a los modernos cafés (bares) del barrio.

Datos

Inicio Isabelle Bajart
Final Urban Therapy
Distancia 875 m; 1½ h

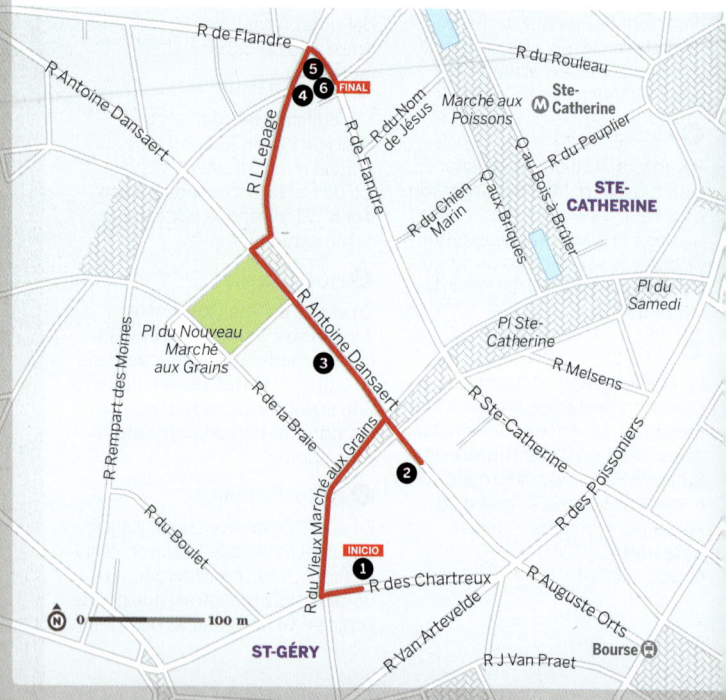

❶ Isabelle Bajart

La sofisticada Isabelle Bajart (p. 101), cerca de la Bourse, es una de las tiendas *vintage* de Bruselas que más se esmera en la selección de su género. Algunas de sus prendas son artículos de coleccionista, como zapatos propios de Carrie Bradshaw, monederos de piel, vestidos de noche… Un sitio magnífico para lucir esa flamante pieza escogida en el cercano club de *jazz* L'Archiduc, de estilo *art déco*.

❷ Passa Porta

Agazapada en un callejón, la librería Passa Porta (p. 101) es digna de una visita, muy especialmente por su interesante selección de novelas en inglés. Es un lugar genial para hacer amigos y contactos en Bruselas, pues suele acoger eventos literarios. Además, presta apoyo y proporciona alojamiento a escritores exiliados.

❸ Stijl

En Stijl (p. 103) muestran sus colecciones diseñadores de Amberes afianzados pero aún vigentes, como Ann Demeulemeester y Dries Van Noten. En su escaparate se exhiben atractivas creaciones para hombre y mujer. No hay que quedarse con las ganas de entrar: la tienda es muy acogedora. Su local dedicado a moda para mujeres está en el nº 74 de Rue Dansaert, y el de hombre, casi enfrente, en el 6 de la Place du Nouveau Marché aux Grains.

❹ Just in Case

Moda de líneas sencillas en colores atrevidos. Las preciosas y femeninas prendas de mujer de Just in Case (justincase.be) comprenden diseños a rayas y con estampados de aves del paraíso.

❺ Au Laboureur

Muy oportuno para un refrigerio con regusto a la vieja Bruselas, Au Laboureur (p. 98) es un atractivo bar en una esquina que evoca el pasado de la zona. Por la mañana y la tarde lo frecuentan señoras y señores que toman café o echan una partida de cartas, antes de que la terraza se llene de jóvenes.

❻ Urban Therapy

Plantas embotelladas, cosmética sostenible, libros para colorear, tés… Esta tienda (urbantherapy. store), con mil ideas para regalar, ofrece sus propios productos junto con una cuidada selección de artículos de otros creadores que se rigen por sus mismos estándares.

Explorar ◈

Barrio real

El majestuoso barrio real comprende el Palais Royal, el opulento Palais de Justice y el Mont des Arts, cuyo espléndido conjunto arquitectónico alberga los mejores museos de la ciudad, a escasa distancia entre sí. Por la Place du Grand Sablon aguardan anticuarios, salones de té y tiendas de chocolate, mientras que bonitas iglesias y el elegante Parc de Bruxelles acrecientan el ambiente exclusivo de la zona.

Lo esencial

○ ***Église Notre-Dame du Sablon (p. 116)*** *Comprobar los poderes curativos de la Virgen en la llamativa iglesia gótica de Sablon.*

○ ***Musées Royaux des Beaux-Arts (p. 110)*** *Verlo todo, desde el bombín de Magritte a la caída del Ícaro de Brueghel, en este templo de las artes gráficas.*

○ ***Parc de Bruxelles (p. 116)*** *Errar por las sombreadas avenidas del Parc de Bruxelles y emular a los lugareños almorzando un sándwich al fresco.*

○ ***Pierre Marcolini (p. 122)*** *Probar chocolates de distintos orígenes de la mano de un maestro chocolatero.*

○ ***BOZAR (p. 121)*** *Disfrutar de las exposiciones y conciertos que acoge este espacio de excelente acústica diseñado por Horta.*

Cómo llegar y desplazarse

Ⓜ Louise y Porte de Namur son las estaciones más a mano de la Place du Sablon; Gare Centrale, la del Mont des Arts.

🚌 Los nº 92 y 93 pasan por el barrio.

Plano de la zona en p. 114.

Église Notre-Dame du Sablon (p. 116). D BOND/SHUTTERSTOCK ©

Las mejores experiencias 📷

Admirar arte en los Musées Royaux des Beaux-Arts

Este prestigioso museo incluye el Musée Oldmasters, donde la obra de los primitivos flamencos está magníficamente representada; el Musée Fin-de-Siècle, con piezas de 1868 a 1914, del expresionista James Ensor y el simbolista Léon Spilliaert, entre otros, y el Musée Magritte, la mayor colección del mundo del pionero del surrealismo.

◎ PLANO P. 114, E3

Museos Reales
de Bellas Artes

fine-arts-museum.be

Primitivos flamencos

Estos maestros del s. XV están maravillosa-
mente representados: búsquense la *Piedad* de
Rogier Van der Weyden, con su extraño cielo al-
boreo; *La justicia del emperador Otón,* de Dieric
Bouts, un espectacular cuadro que representa
el tormento de un esposo acusado injustamen-
te y su fiel esposa, y la delicada *Virgen con
santos* del artista anónimo conocido como
el Maestro de la Leyenda de Santa Lucía.

Los Brueghel

Si bien Pieter el Viejo fue el pintor más recono-
cido de esta familia, la obra de sus hijos, Pieter
el Joven y Jan, igual de abundante en escenas
tiernas y humorísticas en las que el tema
central de la composición a menudo se oculta
entre un sinfín de detalles, también ocupa un
lugar destacado. Su ejemplo más famoso es
Paisaje con la caída de Ícaro, donde el héroe,
que desaparece entre las olas, está eclipsado
por un labrador y un velero.

Rubens y sus discípulos

Pieter Paul Rubens, establecido en Amberes,
se especializó en figuras piadosas entradas en
carnes y aquí se exhiben varios ejemplos. Ahora
bien, algunos de sus lienzos menos conocidos,
como *Cuatro estudios de la cabeza de un negro,*
constatan también su dominio del retrato
psicológico. En esta sección también pueden
verse retratos de Anton van Dyck, un encantador retrato familiar de Cornelis de Vos, y obras
de Rembrandt y Frans Hals.

Musée Magritte

El **museo** contiguo (musee-magritte-museum.be)
ofrece una exploración cronológica de la obra
del artista, incluidas fotografías y proyecciones
surrealistas. En sus lienzos es recurrente la
presencia de esferas, pipas y pájaros, lo mismo
que la imagen de su mujer, Georgette.

★ Consejos

○ Conviene visitar
el Musée Magritte
por separado, pues
lleva al menos 2 h. Se
puede comprar una
entrada combinada
(con acceso a varios
museos) y regresar
otro día.

○ Vale la pena ver las
exposiciones tempo-
rales del museo, que
se pagan aparte.

○ No hay que irse sin
dar un garbeo por
su pequeño jardín
escultórico.

✗ Una pausa

Aunque caro, la
agradable cafe-
tería del museo
sirve sándwiches,
ensaladas y tartas
y, además, cuenta
con una terraza con
vistas a los tejados.

El cercano L'Ami
de Claire Fontaine
(p. 119) despacha
comida casera para
llevar.

También se puede
almorzar o meren-
dar en **Crème**
(p. 120), a un paseo
por Rue de Rolle-
beek.

Las mejores experiencias 📷
Escuchar música
de otra manera en el MIM

Tras ponerse unos auriculares, el visitante
deberá colocarse sobre los paneles automáticos
del suelo delante de una serie de instrumentos
sumamente preciados (incl. una colección de
instrumentos del mundo e inventos de Adolphe
Sax) para oír cómo suenan. El edificio modernista
que ocupa el Musée des Instruments de Musique,
el Old England, es una joya.

🎯 **PLANO P. 114, F3**

Musée des Instruments
de Musique

mim.be

Taller de sonidos

Las muestras de esta tenue sala presentan números que se corresponden con un momento dado de la pista de audio. Los sonidos abarcan desde la campana de una iglesia del s. XVI repicada a medianoche hasta un organillo de tubos del s. XIX y un *blues* tocado con un órgano Hammond del s. XX. Hay también un órgano de tubos con figuritas de madera que se animan al darle a la manivela.

Instrumentos tradicionales

En esta galería donde hay cualquier instrumento imaginable, se puede apreciar la calidad estética de instrumentos de todo el mundo y escucharlos con auriculares: desde la complejidad sonora del sitar indio al lamento de las trompetas tibetanas, pasando por tambores y arpas congoleños. Una de las muestras más extrañas es una máscara de oso del martes de carnaval de Limburgo (Bélgica), junto a una selección de instrumentos tallados toscamente, con cantos primitivos de fondo.

Música occidental

Esta sala contiene una valiosa colección de instrumentos occidentales de viento, cuerda y teclado. Las primeras variedades de pianos, pintadas con delicadas flores y escenas pastorales, se cuentan entre los ejemplares más atractivos; destacan también los enormes fagots con cabeza de serpiente. Como en las otras salas, hay que conectar los auriculares para, además de mirar, escuchar.

Edificio Old England

Esta estructura modernista es tan fascinante como el museo en sí. Fue diseñada en 1899 por Paul Saintenoy para unos grandes almacenes; hoy posee un *café* y una terraza en la azotea que, por desgracia, estaba cerrada por reformas al escribir estas líneas.

★ Consejos

o Aunque el uso de auriculares es fundamental para la visita, no hace falta hablar francés ni flamenco: solo se escucha música.

o Las obras no están rotuladas en inglés, pero en la entrada disponen de folletos de cada sala.

o En la tienda del museo venden una magnífica colección de CD.

o Quienes solo deseen ver el edificio deben tomar el ascensor hasta la última planta y bajar por las escaleras.

o El auditorio del museo programa conciertos, algunos gratis; más detalles en la web.

✕ Una pausa

El restaurante **albert** (p. 120) de la cercana KBR (Biblioteca Real) tiene unas vistas espectaculares .

En Laurent Gerbaud (p. 119), a un corto paseo cuesta abajo, se pueden probar bombones sin azúcar.

N 0 ————————— 400 m

Reseñas en:

Las mejores experiencias	p. 110
Puntos de interés	p. 116
Dónde comer	p. 119
Dónde beber	p. 120
Ocio	p. 121
De compras	p. 122

Grand Place
ÍLOT SACRÉ
R de la Colline
R de la Violette
R du Midi
R du Lombard
Pl St-Jean
R Duquesnoy
R du Chêne
R St-Jean
R de l'Hôpital
Pl de la Vieille Halle aux Blés
R de l'Étuve
R des Alexiens
R de Dinant
R de l'Escalier
Pl de Dinant
Blvd de l'Empereur
R d'Accolay
Pl Anneessens
Anneessens
R de Soignies
Pl Rouppe
Blvd Maurice Lemonnier
R Terre-Neuve
R du Poinçon
R des Ursulines
Église Notre-Dame de la Chapelle 3
16
R de Rollebeek
R Lebeau
Ave de Stalingrad
R des Foulons
R des Brigittines
R Notre Seigneur
15
R Blaes
26
Pl du Grand Sablon
4 Musée Juif de Belgique
R de la Samaritaine
13
R Watteau
17
28
R Haute
R du Temple
R Terre-Neuve
R du Miroir
R des Tanneurs
R St-Ghislain
9 Jardin d'Enfants
24
R des Minimes
R C Hanssens
R du Lavoir
R des Capucins
R Blaes
19
R de l'Epée
R Ernest Allard
R de la Régence
R des Tanneurs
29
21
Pl du Jeu-de-Balle
R des Renards
25
18
Mazette
MAROLLES
Palais de Justice 11
Pl Poelaert
R de l'Hectolitre
R des Ménages
R Blaes
R de la Rasière
R de l'Abricotier
R Haute
R de Monserrat
Hôpital St Pierre
R aux Laines
Louise
Pl J Jacobs
20

Barrio real

E

F

G

Palais de
la Nation

H

R de la Loi

Gare
Centrale

Carr de l'Europe

Bruxelles-
Central

Blvd de l'Impératrice

R Ravenstein

R Royale

Ⓜ **Parc**

Théâtre
du Parc

R Ducale

1

Pl de
l'Albertine

Mont des Arts

12
❌

R Baron Horta

22 ✦   23 ✦

2
⊙
Parc de
Bruxelles

2

5 ⊙
*Bibliothèque
Royale*

R Montagne de la Cour

MIM
⊙

Coudenberg

10 ⊙

8
⊙
*Musée
BELvue*

Pl des Palais

Ave des Arts

3

SABLON

**Musées Royaux
des Beaux-Arts** ⊙

R de la Régence

Pl
Royale

R Villa
Hermosa

⊙ **7**
*Palais
Royal*

Parc de
Bruxelles

Trône
Ⓜ

Pl du
Trône

R du Trône

4

27
🔒

1 ⊙ *Église Notre-
Dame du Sablon*

R Bréderode

R de Namur

**CIUDAD
ALTA**

6
⊙
*Place du
Petit Sablon*

**BARRIO
REAL**

Porte de
Namur
Ⓜ

R du Champ de Mars

Pl du
Champ
de Mars

Sq du
Bastion

R d'Edimbourg

MATONGÉ

5

R aux Laines

Parc
d'Egmont

14 ❌

Blvd de Waterloo

Ave de la Toison d'Or

R des Chevallers

R de Stassart

Chaussée de Wavre

Pl
Louise

R Cap Crespel

R des Drapiers

R du Berger

R Keyenveld

Chaussée d'Ixelles

R E Solvay

R Longue Vie

R de la Paix

6

E

F

G

H

¿Qué subyace tras un nombre?

La Región de Bruselas Capital es la única zona del país oficialmente bilingüe. Esto implica que los municipios, calles, estaciones de trenes, etc., con frecuencia (no siempre) tengan dos nombres, como, p. ej., el municipio conocido como Elsene en flamenco es Ixelles en francés. En los letreros de las calles aparece el nombre francés seguido del flamenco, como "Petite Rue de la Violette – Korte Violetstraat". En francés, *rue* (calle) va al principio, mientras que en flamenco *straat* va al final. En Marolles, los letreros están en tres idiomas: francés, flamenco y dialecto de Bruselas, lo que da lugar a, p. ej., "Rue Haute – Hoogstraat – Op d'Huugstroet". En esta guía se ha optado por emplear solo los nombres franceses de Bruselas.

Puntos de interés

Église Notre-Dame du Sablon
IGLESIA

1 ⦿ PLANO P. 114, E4

Este llamativo e imponente templo gótico se erigió en 1304 como capilla del gremio de los arqueros. Un siglo después fue ampliado para dar cabida a la marea de peregrinos que acudían atraídos por los supuestos poderes sanadores de su efigie de la Virgen, que llegó en 1348 tras haber sido hurtada de una iglesia de Amberes, dicen, por un matrimonio que la trajo en un bote de remos movido por una visión. La imagen desapareció hace tiempo, pero detrás del púlpito hay un bote que recuerda el episodio.

Parc de Bruxelles
PARQUE

2 ⦿ PLANO P. 114, G2

Aunque los alrededores de Bruselas no andan escasos de bosques y parques, el centro es otra historia: su mayor zona verde es el Parc de Bruxelles, un viejo parque formal flanqueado por el Palais Royal y el Palais de la Nation. Creado por los duques de Brabante, está moteado de estatuas clásicas. Comparten su pasión por él oficinistas que van a almorzar, deportistas y familias con niños.

Église Notre-Dame de la Chapelle
IGLESIA

3 ⦿ PLANO P. 114, C3

La iglesia más antigua que se conserva en Bruselas luce la torre decapitada de la estructura original, de 1134, en la sección central de la construcción erigida posteriormente, más grande y de estilo gótico. Detrás del púlpito en forma de palmera, encima del confesionario tallado, hay una placa en recuerdo de "Petro Brevgello", es decir, el artista Pieter Brueghel el Viejo, vecino del cercano Marolles.

Musée Juif de Belgique   MUSEO

4 PLANO P. 114, D4

El Museo Judío ofrece exposiciones de fotografía y una colección permanente que ilustra la vida judía en el país y más allá de sus fronteras, con una sección relativa al Holocausto. En el 2014, cuatro personas perdieron aquí la vida en un atentado. Hay un riguroso control a la entrada y el edificio tiene protección armada. (Museo Judío; mjb-jmb.org/en/)

Bibliothèque Royale   BIBLIOTECA

5 PLANO P. 114, E2

Sorprendentemente moderna y de bello diseño, contiene un pequeño museo sobre el libro y la imprenta y, en el último piso, un fantástico restaurante: el albert (p. 120). (kbr.be/en)

Place du Petit Sablon   PARQUE

6 PLANO P. 114, E4

Unos 200 m en subida desde la Place du Grand Sablon se encuentra este encantador jardincito con 48 estatuillas de bronce que representan a los gremios medievales. Posados sobre un plinto, cual actores de una obra de William Shakespeare, los condes de Egmont y Hoorn, populares líderes locales decapitados en la Grand Place en 1568 por alzarse contra la Corona española. Detrás de ellos estaba la casa de Egmont.

Palais Royal   PALACIO

7 PLANO P. 114, G3

Aunque en la actualidad la familia real belga vive en Laeken, este palacio decimonónico es su residencia oficial. El artista conceptual Jan Fabre ha engalanado el techo de una sala con los élitros iridiscentes de 1,4 millones de escarabajos joya tailandeses. También hay retratos reales contemporáneos. Este palacio solo abre al público en verano. (monarchie.be/en/heritage/royal-palace-of-brussels)

Musée BELvue   MUSEO

8 PLANO P. 114, F3

Con ayuda de una audioguía se puede explorar el amplio interior de esta antigua residencia real

Palais Royal.

MAYKOVA GALINA/SHUTTERSTOCK ©

que recorre cronológicamente, con exposiciones y proyecciones, la historia de Bélgica desde su independencia (1830). Entre otros objetos destaca la chaqueta que vestía el rey Alberto I cuando murió en el año 1934 después de sufrir un accidente de escalada. En verano, el restaurante monta una terraza en su bonito jardín. (belvue.be)

Jardin d'Enfants EDIFICIO NOTABLE

9 PLANO P. 114, B4

El primer encargo de arquitectura civil de Victor Horta –el encantador Jardin d'Enfants en Marolles– aún funciona como escuela, testimonio de la obra del famoso arquitecto y diseñador modernista belga que impulsó el *art nouveau* en el mundo.

Palais de Justice.

JORISVO/SHUTTERSTOCK ©

Coudenberg YACIMIENTO ARQUEOLÓGICO

10 PLANO P. 114, F3

La colina de Coudenberg (hoy Place Royale) fue el antiguo emplazamiento del castillo original de Bruselas, del s. XII. Con el tiempo, se transformó hasta ser uno de los palacios más elegantes y poderosos de Europa, en especial en el s. XVI, cuando fue morada de Carlos V. Varios nobles y cortesanos construyeron sus mansiones en los contornos. El complejo quedó arrasado por un incendio en 1731, pero bajo la planta baja aún se aprecia la estructura de sus niveles inferiores. (coudenberg.brussels)

Palais de Justice EDIFICIO HISTÓRICO

11 PLANO P. 114, C5

Mayor que la basílica de San Pedro de Roma, este palacio de justicia –con un recinto de 2,6 Ha– era el edificio más grande del mundo cuando terminó su construcción (1866-1883). Pese a que el laberíntico complejo resulta sin duda intimidatorio, no es fácil de proteger y, de hecho, ha habido varios casos sumamente mediáticos en que los criminales lograron fugarse. Detrás del edificio hay una terraza panorámica que asoma a la ciudad, con el Atomium y la basílica de Koekelberg como estrellas del perfil urbano. Un **ascensor** acristalado baja al barrio de Marolles.

Dónde comer

Laurent Gerbaud

CAFÉ €

12 PLANO P. 114, F2

Luminoso y acogedor *café* con grandes ventanales, perfecto para almorzar o tomar un café o un chocolate a la taza entre un museo y otro. Muy recomendables sus maravillosos bombones, que no tienen ni alcohol ni aditivos ni azúcar añadido. Su afable dueño, Laurent, también organiza degustaciones y talleres de elaboración de chocolate. (chocolatsgerbaud.be)

L'Ami de Claire Fontaine

DELICATESEN €

13 PLANO P. 114, D4

Frente a la Place du Grand Sablon se halla esta diminuta pero evocadora *épicerie* (delicatesen) de suelo embaldosado que seduce con su aroma a especias y platos caseros; hay una cocinita al fondo. Ideal tanto para comprar un nutritivo y reparador sándwich o una *quiche* para llevar como para surtirse de aceites, vinos y cajitas de *pain d'épices* (galletas especiadas). (📞+32 2-512 24 10)

La Fabrique

CAFÉ €€

14 PLANO P. 114, E5

Invernadero magníficamente restaurado en Parc d'Egmont, con enormes ventanales. Entre semana ofrece almuerzos saludables y una irresistible *suikertaart* (tarta

Laurent Gerbaud.

GEORGES GOBET/AFP/GETTY IMAGES ©

de azúcar). Su opíparo *brunch* tipo bufé del fin de semana incluye calabaza asada, raviolis de ricota y espinacas, salmón ahumado con eneldo y huevos preparados de mil y una formas. (lafabriqueresto.be)

Les Brigittines

FRANCESA, BELGA €€

15 PLANO P. 114, C3

Con un repertorio culinario para adultos en un taciturno comedor *belle époque,* Les Brigittines se especializa en cocina tradicional francesa y belga, entre cuyas recetas clásicas se incluyen la carrillada de ternera, las manitas de cerdo y el filete tártaro. El servicio, muy entendido en cerveza local y vinos artesanos, se presta a maridar cada plato. (lesbrigittines.com)

Mazette

Esta cooperativa no solo es un *café* (bar) sino también una panadería y microcervecera que hace sus propios refrescos. Todo se elabora de cero con ingredientes locales, incluidos sobrantes. **Mazette** (plano p. 114, A6; mazette.brussels; Place du Jeu de Balle 50) aspira a ser más que un mero *café,* de ahí que organice actos culturales dirigidos a la diversa comunidad de Marolles. Muy recomendables sus *dikkebroodjes,* híbrido de sándwich y pita de pan de masa madre con exquisitos rellenos saludables.

Crème   CAFÉ €

16 🍴 PLANO P. 114, D3

En una apacible calle peatonal junto a algunas de las chocolaterías más emblemáticas de Bruselas, este *café* tienta con tortitas de estilo australiano, tostadas de aguacate y un exquisito sándwich de langosta. Pone la guinda a la experiencia su tortita belga con crema de *speculoos, crumble* y chocolate. Una opción saludable y deliciosa para el desayuno es el cuenco de yogur de *açai* con coco. (cremebrussels.be)

La Bonne Chère   FRANCESA €€

17 🍴 PLANO P. 114, C4

En esta joya, una vetusta casa en Marolles llena de mobiliario de madera e inundada de luz suave, las influencias francesa y belga se funden en las certeras y originales creaciones de Alexandru Sapco −p. ej., pollo de Malinas con colmenillas y espárragos blancos−. El origen moldavo del chef se refleja en la carta de vinos. (labonnechere.be)

Het Warm Water   CAFÉ €

18 🍴 PLANO P. 114, B5

Seductor y agradable pequeño *café* con teteras estarcidas y *collages* por decoración. La sencilla comida comprende desde *croquemonsieurs* y ensaladas a *quiches* y tablas de queso y fiambre. (hetwarmwater.be)

albert   FRANCESA €€

La antigua cafetería de la biblioteca (véase **5** ◎) es uno de los secretos mejor guardados de Bruselas. En una bonita ubicación en el 5° piso del edificio, el restaurante, de estilo años cincuenta, ofrece unas vistas fantásticas y, por el otro lado, una frondosa terraza. La comida se elabora con ingredientes frescos y los fines de semana sirven un *brunch.* (albert.brussels)

Dónde beber

Brasserie Ploegmans   PUB

19 🚍 PLANO P. 114, C5

Clásico mesón de barrio, con pretéritos paneles de espejos y un suelo a cuadros de 1927. No hay como sentarse a disfrutar de una *faro,* un tipo de cerveza lámbica

Mejillones en Bruselas

Las humeantes cazuelas de mejillones (*mosselen* en flamenco, *moules* en francés) nunca faltan en las mesas de los restaurantes de la ciudad. La receta tradicional se prepara con vino blanco, aunque existen variaciones, como *à la Provençale* (con tomate) o *à la bière* (en cerveza y nata), y se acompañan de *frites* (patatas fritas). Antes, los mejillones solo se consumían de septiembre a diciembre (los meses más fríos tras su recolección, para garantizar su frescura), pero hoy en día los ejemplares servidos de julio a marzo también se consideran buenos. Eso sí, mejor no comerse los mejillones que sigan cerrados después de cocinados…

que fermenta espontáneamente: una especialidad bruselense cuyo sabor se potencia con rocas de azúcar. Es el único sitio de la ciudad que la sirve de barril y, además, goza de buena reputación por sus comidas típicas. (ploeg mans.wordpress.com)

Fuse
CLUB

20 PLANO P. 114, A6

El club de Marolles que 'inventó' el *techno* sigue llenando hasta los topes sus dos pistas de baile con aforo para 2000 juerguistas. Una vez al mes acoge la épica noche gay La Démence: una multitudinaria *rave* que atrae a hombres de toda Europa y más allá. En la web se detalla la programación. (fuse.be)

Le Marseillais du Jeu de Balle
BAR

21 PLANO P. 114, B5

Bar tradicional en una esquina muy querido por los vecinos de la Place du Jeu de Balle, donde se monta un mercadillo. Sirve baguetes y cervezas, pero la especialidad es el *pastis:* un aperitivo de regusto anisado. (facebook.com/lemarseillaisdujeudeballe)

Ocio

BOZAR
MÚSICA EN DIRECTO

22 PLANO P. 114, F2

Este celebrado espacio de música clásica es la sede de la Orquesta Nacional y de la Sociedad Filarmónica. Desde fuera, el edificio *art déco* diseñado por Horta en 1928 resulta más atrevido que atractivo, pero su sala Henri Le Bœuf se sitúa entre las cinco mejores del mundo por su calidad acústica. También acoge aclamadas exposiciones de arte y ciencia. (bozar.be)

Cinematek
CINE

23 PLANO P. 114, F2

En un ala del centro cultural BOZAR, este moderno y sofisticado cine incluye un pequeño

Brussels Greeters

Una forma estupenda de explorar una zona específica o de ahondar en alguna cuestión por lo que se sienta interés (desde las cervezas lámbicas a la política belga) es contactar con Brussels Greeters (visit. brussels/es/visitantes/organiza -tu-estancia/greeters) dos semanas antes de viajar. Basta rellenar un formulario y un coordinador se encargará de que un lugareño acompañe al visitante a los lugares que puedan resultarle más atractivos, con paradas para tomar café y almorzar. Los recorridos, de 2-4 h, son gratis y no aceptan propinas.

museo donde poder curiosear entre archivos cinematográficos y demás parafernalia. Su principal reclamo son las películas de cine mudo que proyectan tres veces por semana, con piano en directo. También ofrece una impresionante selección de películas de autor. (cinematek.be)

Théâtre Les Tanneurs TEATRO

24 PLANO P. 114, A4

Este teatro ubicado en las lindes de Marolles es famoso por sus funciones teatrales y espectáculos de danza. (lestanneurs.be)

De compras

Mercadillo de la Place du Jeu-de-Balle MERCADO

25 PLANO P. 114, B5

Una experiencia imprescindible en Marolles es regatear en este caótico rastro fundado en 1919. Aunque los fines de semana ofrece su versión más animada, las mejores gangas se consiguen a primera hora entre semana.

Pierre Marcolini CHOCOLATE

26 PLANO P. 114, D3

Granos de cacao poco comunes, sabores experimentales (p. ej., té) y cajas negras de diseño convierten los pralinés de Marcolini en los más codiciados y caros de Bélgica. (marcolini.be)

Mercado de antigüedades de Sablon MERCADO

27 PLANO P. 114, E4

Cada fin de semana, más de un centenar de vendedores llena esta señorial plaza para vender vajillas, cristalerías, joyería, mobiliario, fayenza bretona del s. XVIII y otras reliquias del ayer. Precios altos, acorde a la calidad de los artículos. (sablonantiquesmarket.be)

Mercadillo de la Place du Jeu-de-Balle.

Belge une fois

ARTE Y ARTESANÍA

28 🔒 PLANO P. 114, C4

Además de las creaciones del colectivo de diseñadores epónimo, esta tienda conceptual vende objetos, accesorios y lámparas ligeras de otros diseñadores belgas. Hay de todo, desde sencillas postales y macetitas de hormigón a láminas de gran tamaño. (belgeunefois.com)

Bernard Gavilan Since 1994

VINTAGE

29 🔒 PLANO P. 114, B5

Tiene tres tiendas especializadas en artículos *vintage* (moda femenina/infantil, masculina, accesorios y tejidos) de entre 1900 y 1990, todas ellas en Marolles, el barrio donde creció Bernard Gavilan, su propietario y apasionado de lo *vintage*. Es un verdadero tesoro escondido y cualquier prenda puede retocarse si así se quiere. (facebook.com/www.BERNARD GAVILAN.be)

Circuito a pie 🚶

Paseo por Marolles

Al barrio obrero de Marolles, hoy algo gentrifi-
cado, se le conoce por su pintoresco dialecto
y sus bares de toda la vida. Para descubrir sus
raíces hay que ir al mercadillo de la Place du
Jeu-de-Balle o a alguno de sus particulares
bares. Otro vestigio del pasado industrial de la
zona son las maltrechas chimeneas de ladrillo.
Si se visita en domingo es obligado dar un garbeo por el mercado de la Gare du Midi.

Datos

Inicio Mercado de la Gare
du Midi

Final La Bonne Chère

Distancia 2,1 km

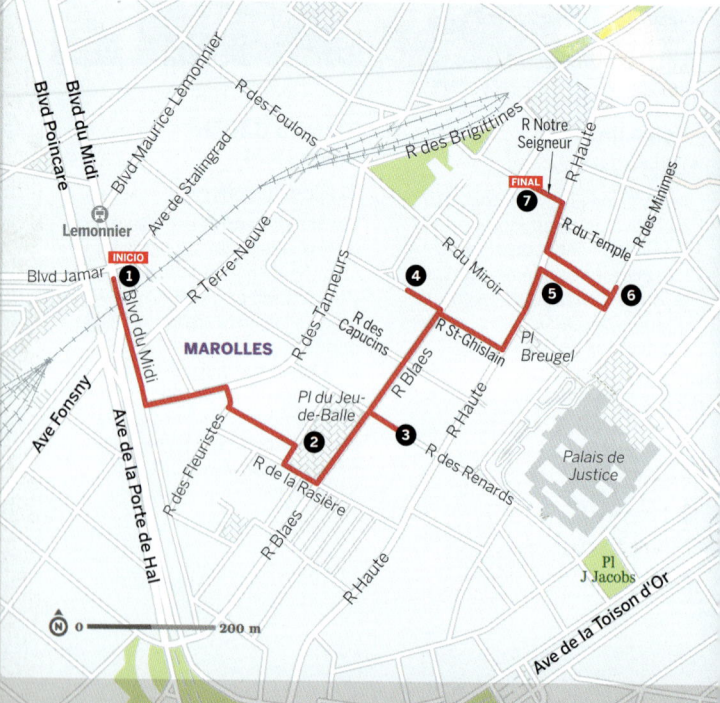

❶ Mercado de Gare du Midi

Una experiencia dominical ineludible es la visita a este mercado (Marché du Midi) que, según dicen, es el más grande de Europa. Su conglomerado de coloridos puestos junto a las vías del tren exuda sabor internacional, con especias mediterráneas y del Magreb, comida, ropa y artículos de cuero.

❷ Mercadillo de Jeu-de-Balle

Popular y caótico **mercadillo** (p. 122) que invita a pasear sin rumbo. Las mejores gangas se consiguen a primera hora de la mañana de lunes a viernes. Libros y ropa de segunda mano, muebles *vintage,* cámaras antiguas..., su oferta es ciertamente asombrosa. **Le Marseillais** (p. 121), en la esquina noreste de la plaza, es ideal parar tomar café o ¡alguna de sus 55 variedades de *pastis*!

❸ Rue des Renards

La angosta Rue des Renards ejemplifica cómo está cambiando la zona: a la derecha, calle abajo, hay galerías, tiendas independientes y *vintage,* y anticuarios; a la izquierda, casitas y restaurantes clásicos; y, aquí y allá, recordatorios del viejo Marolles, incluidos puestos de caracoles.

❹ Jardin d'Enfants

Este encantador **edificio de Horta** (p. 118) es la única escuela que diseñó este famoso arquitec-

to. Y, al seguir en funcionamiento, solo podrá verse desde fuera. Repárese en los sinuosos motivos vegetales, la caprichosa torre y las rayas de piedra gris y clara.

❺ Casa de Brueghel

Había planes para convertir en un museo la **casa con gablete** (☎ 02-513 89 40) donde vivió y murió (en 1569) Pieter Brueghel el Viejo, pero la enrevesada administración municipal se encargó de desbaratar tal iniciativa. No se puede entrar, pero al menos se puede admirar el exterior de este venerable edificio.

❻ Église Saints-Jean-et-Étienne-aux-Minimes

La **iglesia** parroquial (Rue des Minimes, 62) es una enorme estructura barroca llena de hollín cuyas obras terminaron en 1715. Las misas, acompañadas de cantos gregorianos o de cantatas de Bach, se ofician los domingos a las 11.30. La acústica de su cúpula con nervaduras es fantástica.

❼ La Bonne Chère

Hay que reservar con tiempo para almorzar la deliciosa cocina de fusión belga-francesa de esta recoleta propuesta (p. 120), en una calleja próxima a la Place du Jeu-de-Balle.

Explorar

Barrio de la UE y Etterbeek

Los lugares de interés turístico abundan en estos dos barrios: a destacar los museos agrupados en torno al Parc du Cinquantenaire y las bellas residencias alrededor de la Place Marie-Louise.

Lo esencial

○ **Casa de la Historia Europea (p. 134)** *Entender la historia del Viejo Continente en este impresionante museo de alta tecnología.*

○ **Parlamento Europeo (p. 134)** *Conocer el funcionamiento de la UE visitando su centro de poder.*

○ **Musée Art & Histoire (p. 130)** *Ver las sublimes muestras de este y los otros museos de la zona, que abarcan desde mosaicos romanos a trineos antiguos.*

○ **Parc du Cinquantenaire (p. 128)** *Echarse bajo un árbol de este extenso parque y decidir adónde ir después.*

○ **Maison Antoine (p. 136)** *Entregarse a las patatas fritas y a la cerveza en los bares de la Place Jourdan.*

Cómo llegar y desplazarse

Ⓜ La parada más cercana a los museos es Mérode; para ver los edificios de la UE hay que bajarse en Schuman; para la Place Marie-Louise, en Maelbeek.

🚶 El Parlamento Europeo queda a 30 min de agradable paseo desde la Grand Place, pasando por el arbolado Parc du Bruxelles.

Plano de la zona en p. 132.

Parc du Cinquantenaire (p. 128). WERNER LEROOY/SHUTTERSTOCK ©

Las mejores experiencias 📷

Explorar el Parc du Cinquantenaire

Pese a su funcionalidad, el barrio ha sabido conservar elegantes parques y plazas, como el Parc du Cinquantenaire, flanqueado por sobresalientes museos que tienen de todo, desde sarcófagos a motos Harley-Davidson. Perfecto para pasear, este vasto espacio de ocio es muy popular entre las familias locales, sobre todo los fines de semana.

◎ PLANO P. 132, G4

Rue de la Loi y Rue Belliard

Ⓜ Mérode

Arc du Cinquantenaire

El Cinquantenaire es en sí un gran arco de triunfo que recuerda al de París. Diseñado para conmemorar en 1880 el 50° aniversario (*cinquantenaire,* en francés) de la independencia del país, tardó tanto en construirse que, llegada la fecha, solo había una versión provisional de yeso. Las obras no terminaron hasta 1905. Vale la pena subir a lo más alto para obtener una panorámica de la ciudad. Se puede subir por las escaleras desde el Musée Royal de l'Armée et d'Histoire Militaire o en ascensor, junto a la entrada principal.

Autoworld

Antes de la II Guerra Mundial, Bélgica contaba con una boyante industria automotriz y de ello da fe la fascinante colección exhibida en **Autoworld** (autoworld.be; foto), donde pueden verse unos 400 vehículos (Ford T, Citroën 2 CV y muchos más, hasta la década de 1970) bajo una espectacular estructura de acero de la década de 1880. Véase la Harley-Davidson que el actual rey de Bélgica donó al cuerpo nacional de policía tras decidir que ya no estaba para desplazarse en moto.

Musée Royal de l'Armée et d'Histoire Militaire

A los entusiastas de la historia bélica les encantará este **espacio** (Real Museo de las Fuerzas Armadas y de la Historia Militar; klm-mra.be) que custodia una ingente selección de armamento, uniformes, vehículos, embarcaciones, cuadros y documentación que va desde la Edad Media a mediados del s. XX. El Sky Café ofrece bonitas vistas.

★ Una pausa

○ Se disfruta de buenas panorámicas desde lo alto del Arc du Cinquantenaire, accesible por el museo de historia militar o con el ascensor junto a la entrada principal.

○ En el parque es recomendable buscar el Pavillon Horta-Lambeaux (al noroeste): una robusta estructura neoclásica que, pese a no lucir ninguno de los motivos arquitectónicos característicos del autor (fue su primer encargo civil), atesora un expresivo bajorrelieve.

✗ Una pausa

En la Place Jourdan hay numerosos *cafés*, restaurantes y bares, incluido Maison Antoine (p. 136), el puesto de patatas fritas más famoso de la ciudad.

Si apetece algo dulce, pruébense los helados de Capoue (p. 138).

Las mejores experiencias 📷
Profundizar en el pasado en el Musée Art & Histoire

Su rica colección abarca desde sarcófagos del Antiguo Egipto y máscaras mesoamericanas a bicicletas de madera. Interesa decidir qué ver antes de visitarlo o quizá resulte abrumador. Destacan por su atractivo visual las tallas medievales de piedra del claustro neogótico y las altas columnas corintias que dotan de un ambiente especial a un mosaico original de la Siria romana.

◉ PLANO P. 132, F4

artandhistory.museum

Antigüedad

El museo exhibe una variadísima muestra de antigüedades: desde tesoros del Antiguo Egipto (incl. 10 momias y sarcófagos) a una gran colección de objetos de los primeros asentamientos humanos en lo que hoy es Bélgica. Su mayor baza es, con todo, la sala de la Siria romana, donde un enorme mosaico de 415-420 d.C. representa vívidamente una escena de tigres alanceados y leones abatidos por perros.

Artes decorativas europeas

Multitud de visitantes acuden atraídos por las sensacionales piezas *art nouveau* y *art déco* exhibidas en sus vitrinas diseñadas por Victor Horta. También hay galerías románicas, renacentistas y barrocas, y una colección de tapices. Una sala entera se dedica a relojes e instrumentos astronómicos, y además puede verse un maravilloso conjunto de 35 trineos pintados en las décadas de 1930 y 1940.

Civilizaciones no europeas

La impresionante amplitud de esta sección comprende desde arte precolombino, tocados de nativos americanos, cerámica china, raros textiles islámicos, arte bizantino, tejidos coptos y deidades jainistas, hinduistas y budistas. Tal vez la pieza más llamativa de todas sea un moái de la isla de Pascua, un gigante de piedra de 6 toneladas que fue transportado por una expedición franco-belga en la década de 1930.

Tintín

Este museo es parada obligada para los entusiastas del famoso reportero: una momia macabra inspiró *Las siete bolas de cristal* mientras que el fetiche arumbaya de *La oreja rota* se basa en esta figura votiva de madera exhibida en sus salas.

★ Consejos

○ Las explicaciones en este museo son en francés y flamenco; sale a cuenta pagar 3 € más por disponer de una audioguía.

○ El primer miércoles de mes no se cobra entrada pasadas las 13.00.

○ El café del museo y varias salas estaban cerradas por reformas al escribir estas líneas.

○ Además de los artículos de rigor, en la tienda venden guías académicas de las salas.

✗ Una pausa

Desde el museo, un breve paseo lleva a La Terrasse (p. 138), un establecimiento muy auténtico que lleva más de un siglo deleitando con platos de *brasserie,* ricos mejillones, tentempiés y muchas opciones para aplacar la sed.

A | B | C | D

1

R Scailquin
Chaussée de Louvain

R des Éburons

Maison
St-Cyr

13
R du Marteau

R du Marteau

Hôtel
Van Eetvelde

6
Place
Marie-
Louise

Sq
Ambiorix

2
R Joseph II

R des Deux Églises

R Stévin

Ave Michel-
Ange

R Archimède

R Joseph II

Ave Livingstone

R Stévin

Blvd Charlemagne

Maelbeek
R de la Loi

Edificio
Berlaymont 7

Schuman

3
R de l'Industrie

R de la Science

Sq
Frère-
Orban

R de Lalaing

R d'Arlon

Bruxelles-
Schuman

Rond-
Point
Schuman

R Belliard

4
R Montoyer

R Marie de Bourgogne

R d'Arlon

Pl du
Luxembourg

14

R Froissart

R Breydel

R Belliard

Sq de
Meeus

12
11

R de Trèves

Parlamentarium
3

Casa de la
Historia Europea
4

2
Parlamento
Europeo

5
Parc
Léopold

Pl
Jourdan
R du Cornet

5
R Caroly

Bruxelles-
Luxembourg

21
10
19

18

R Général Leman

R Wiertz

R Vautier

1
Musée des
Sciences
Naturelles

9
Chaussée St-Pierre

R Godecharle

Chaussée de Wavre

6
R Goffart

R du Trône

R du Viaduc

R du Sceptre

R Gray

R Louis Hap
R de l'Étang

A | B | C | D

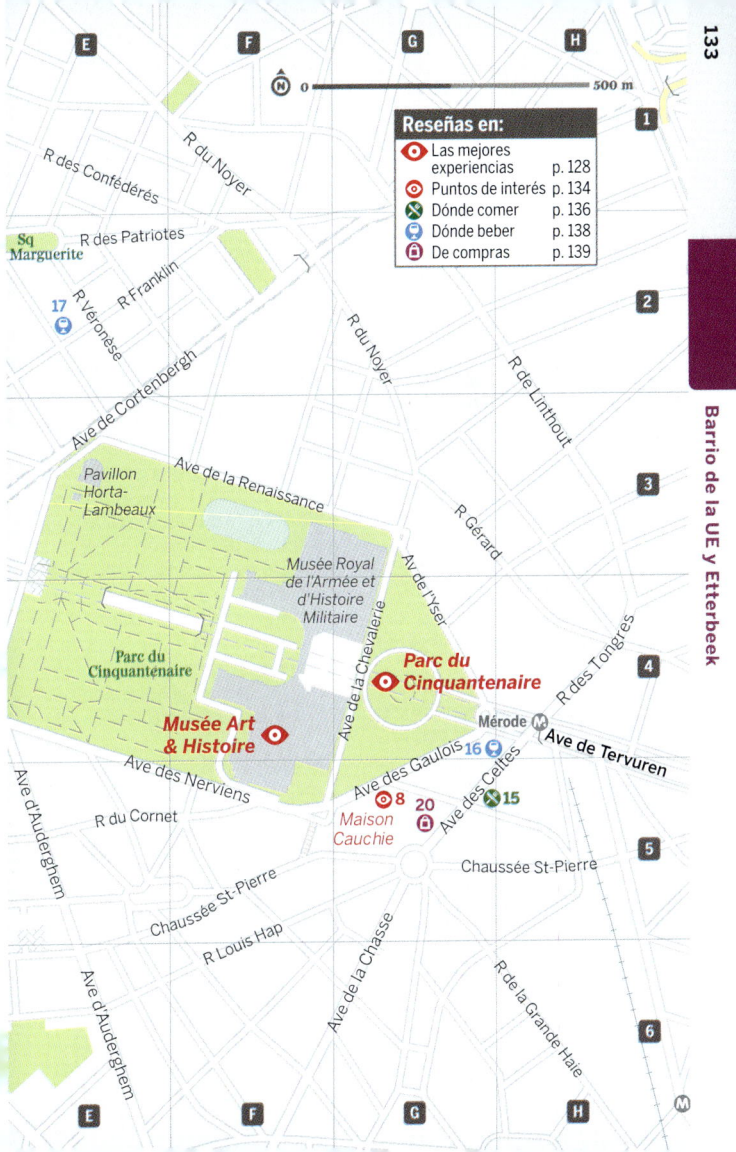

Reseñas en:

◉	Las mejores experiencias	p. 128
◉	Puntos de interés	p. 134
✕	Dónde comer	p. 136
🍷	Dónde beber	p. 138
🔒	De compras	p. 139

E

F

G

H

1

2

3

4

5

6

N 0 ————— 500 m

R des Confédérés

R du Noyer

Sq Marguerite

R des Patriotes

R Franklin

R Véronese

17

Ave de Cortenbergh

Ave de la Renaissance

Pavillon Horta-Lambeaux

R du Noyer

R de Linthout

R Gérard

Ave de l'Yser

Musée Royal de l'Armée et d'Histoire Militaire

Parc du Cinquantenaire

Ave de la Chevalerie

Parc du Cinquantenaire ◉

R des Tongres

Mérode Ⓜ Ave de Tervuren

Musée Art & Histoire ◉

Ave des Nerviens

Ave des Gaulois 16 🍷

Ave des Celtes ✕ 15

◉ 8

Maison Cauchie

20 🔒

R du Cornet

Ave d'Auderghem

Chaussée St-Pierre

Chaussée St-Pierre

R Louis Hap

Ave de la Chasse

R de la Grande Haie

Ave d'Auderghem

Ⓜ

Puntos de interés

Musée des Sciences Naturelles

MUSEO

1 ⊙ PLANO P. 132, B5

Este museo sumamente interactivo que induce a reflexión va más allá de la clásica sección de taxidermia. La atracción estrella es, sin duda, su singular familia de iguanodontes, dinosaurios de 3 m hallados en una mina de carbón de Henao en 1878. Una simulación por ordenador muestra el corrimiento de tierra que los sepultó, varios cajones de arena permiten jugar a ser paleontólogo y sus vídeos multilingües agitan el debate en torno a los descubrimientos más recientes en la materia. (naturalsciences.be)

Parlamento Europeo

EDIFICIO NOTABLE

2 ⊙ PLANO P. 132, B5

Dentro de este anticuado edificio de cristal –pese a que se construyó hace apenas dos décadas–, los adictos a la política pueden asistir a sesiones parlamentarias en su enorme hemiciclo o recorrerlo con auriculares multilingües cuando los europarlamentarios atienden otros menesteres. (europarl.europa.eu)

Parlamentarium CENTRO DE VISITANTES

3 ⊙ PLANO P. 132, B4

El centro de visitantes del Parlamento Europeo hace una atrevida apuesta multimedia por tratar de captar la atención del visitante con un plano interactivo que permite recorrer las instituciones europeas, acceder a los perfiles de los europarlamentarios y entrar a un foro de debate. Hay una caza del tesoro de 1 h para niños. (visiting. europarl.europa.eu/es/visitor-offer/brussels/parlamentarium)

Casa de la Historia Europea

MUSEO

4 ⊙ PLANO P. 132, C4

Sito en el exquisitamente renovado edificio Eastman del Parc Léopold, este amplio y elegante museo de nuevo cuño recorre algunos de los momentos más trascendentales de la historia europea, desde la guerra y la destrucción al mayor proyecto de paz jamás visto en el continente. La experiencia –quizá más interactiva de la cuenta– lleva más o menos 1½ h y se fundamenta en exposiciones permanentes y temporales con explicaciones en 24 idiomas. (historia-europa.ep.eu)

Parc Léopold

PARQUE

5 ⊙ PLANO P. 132, C5

Fue el zoológico de Bruselas hasta 1880 y hoy constituye un inesperado oasis oculto tras el Parlamento Europeo. (Ⓜ Schuman)

Place Marie-Louise

PLAZA

6 ⊙ PLANO P. 132, C2

Se puede dar de comer a los patos en el bonito estanque rodeado de árboles, vegetación y alguna que otra construcción modernista,

¿Rumbos distintos?

Resulta paradójico que Bélgica, seno de las no siempre consensuadas políticas de la Comisión Europea y de la OTAN, viva un conflicto lingüístico y cultural consigo misma. Esta brecha es especialmente notoria en la bilingüe Bruselas, donde existe una verdadera división entre la mayoritaria población francófona y los orgullosos residentes flamencos.

En el 2006, la cadena pública francófona RTBF interrumpió la programación con imágenes desde el exterior del Palacio Real en las que un reportero aseguraba que la región de Flandes había declarado la independencia y que el rey Alberto había abandonado el país. Tuvo que pasar media hora para que los responsables del programa admitieran que era un montaje y que con ello pretendían manifestar la importancia del debate político en torno al futuro del país.

La pregunta de si Bélgica permanecerá unida o se separará nunca cesa. Bruselas, con su localización geográfica en Flandes, su orientación lingüística en Valonia y su estatus como capital de la UE, es el principal punto de fricción. También se plantea qué ocurriría con la diminuta región germanófona del país (situada en Valonia oriental) y con la Corona belga, una institución que para muchos jóvenes belgas carece de sentido en el s. XXI.

Si Bélgica se desmembrara, es poco probable que Valonia se integrara en Francia, o que Flandes se uniera a los Países Bajos (pese a que los neerlandeses verían con buenos su anexión). En vez de eso, un modelo más viable sería que Flandes y Valonia fueran independientes, y que Bruselas pasara a ser una ciudad-Estado, posiblemente administrada por la UE. No cabe duda de que la unificación económica y legal que garantiza la UE hace más viable que en cualquier otro momento de la historia que pequeñas naciones como estas logren la independencia.

Con todo, el sentir general apunta a que casi nadie quiere que Bélgica se divida. Más allá del apego personal, una razón clave desde el pragmatismo es que "lo belga", como marca internacional, se ha convertido en sinónimo de calidad (como el chocolate y la cerveza). Hay quienes sostienen que dicha reputación podría mermarse si Flandes y Valonia fueran países independientes, pues su fama a nivel mundial es menor. Así, todo parece indicar que Bélgica seguirá unida; al menos, en el futuro más inmediato.

Edificio Berlaymont.

sentarse en un banco, disfrutar del entorno cuando hace bueno y seguir hasta el cercano Parc Ambiorix para admirar una joya *art nouveau:* la Maison Saint-Cyr.

Edificio Berlaymont
EDIFICIO NOTABLE

7 🎯 PLANO P. 132, D3

La Comisión Europea, el gigante burocrático de la UE, opera desde este vasto edificio de cuatro alas. Erigido en 1967, es llamativo pero en absoluto atractivo, pese a los mil millones de euros que costó la reforma acometida entre 1991 y el 2004. Los paneles informativos de las inmediaciones brindan información sobre la historia del barrio y el papel internacional desempeñado por Bruselas. No está abierto al público.

Maison Cauchie
EDIFICIO NOTABLE

8 🎯 PLANO P. 132, G5

Esta impresionante casa de 1905 fue el hogar del arquitecto y pintor Paul Cauchie (1875-1952), y su fachada esgrafiada con gráciles figuras femeninas es una de las más bellas de Bruselas. Parece un cuadro de Gustav Klimt transformado en arquitectura. A petición popular se salvó de ser demolida en 1971 y desde 1975 es un monumento protegido. (cauchie.be)

Dónde comer

Stirwen
FRANCESA €€€

9 🍴 PLANO P. 132, D5

Veterano franco-belga que triunfa entre el exigente funcionariado de la UE. Su interior luce una estética renovada y su joven chef, François-Xavier Lambory, ha aportado una bocanada de aire fresco a su carta de corte clásico. (stirwen.be)

Maison Antoine
BELGA €

10 🍴 PLANO P. 132, D5

En Bruselas, la gente se divide en dos categorías, y nada tiene que ver con ser francófonos o flamencoparlantes o ser lugareños o expatriados, sino con quienes prometen lealtad a este local de patatas fritas y quienes se deben a la caravana de la Place Flagey, en Ixelles. En Antoine, las patatas se fríen dos veces en grasa bovina, y en su cola suelen verse mandatarios y alguna que otra celebridad. (maisonantoine.be)

Cuna de las patatas fritas

Así como el gofre belga es originario de Gante, las patatas fritas (*french fries,* en inglés) se inventaron en realidad en Bélgica. Su nombre evolucionó durante la II Guerra Mundial en Flandes occidental, cuando unos oficiales ingleses oyeron hablar en francés a sus aliados belgas mientras las comían y pensaron que eran franceses (las órdenes se daban en francés, incluso a soldados que solo hablaban flamenco, a veces con consecuencias trágicas). Las patatas que aquí se emplean son de la variedad *bintje,* de cultivo belga o neerlandés. Se cortan a mano, con un grosor de más o menos 1 cm (si fueran más pequeñas absorberían demasiado grasa), y se fríen en grasa vacuna, primero a baja temperatura y luego a fuego fuerte, para que queden crujientes por fuera y esponjosas por dentro. Esta técnica de la doble fritura es lo que diferencia a la patata frita belga de las flácidas versiones de otros lugares. Normalmente se sirven en un cucurucho de papel, embadurnadas de abundante salsa. Si la oferta de salsas resulta abrumadora, una buena opción es la *andalouse,* parecida a la salsa rosa pero ligeramente especiada.

Cafe Luxembourg   CAFÉ €

11 PLANO P. 132, A4

Ideal para aplacar el hambre con platos de Oriente Próximo y una gama de bebidas que puede disfrutarse en su terraza, siempre abarrotada los jueves, cuando los eurócratas se aflojan la corbata cerveza artesana en mano. (compagnieabc.be/restaurant/cafe-luxembourg)

Domenica   ITALIANA €

12 PLANO P. 132, B4

Regido con prácticas éticas y frecuentado mayoritariamente por funcionarios europeos, Domenica es fiel a sus valores de calidad y sostenibilidad y así se desprende de sus lasañas caseras, suculentas *pizzas* a la trufa y una pequeña selección de chocolates veganos. (domenica.eu.com)

Les 4 jeudis   VEGETARIANA €€

13  PLANO P. 132, A2

Soleado restaurante en una esquina que tienta con exquisiteces vegetarianas elaboradas mediante complejos procesos de lacto-fermentación. Cabe esperar, entre otros deliciosos platos ecológicos, *carpaccio* vegetal macerado en cítricos y acompañado de salsa de anacardos y bayas de *goji,* o cremosa *mousse* de manzana y dátiles con pedacitos de chocolate. (les4jeudis.be/en)

Grand Central
BUFÉ €

14 PLANO P. 132, C4

Enorme bar-restaurante repartido en dos plantas que se llenan gracias a su infalible carta: tostadas, ensaladas y *mezzes* para el almuerzo; varios tipos de tablas para compartir de aperitivo, y hamburguesas y comida de bar por la noche. La *happy hour,* con picoteo incluido, es una ganga. (legrandcentral.com)

Capoue
HELADERÍA €

15 PLANO P. 132, G5

Excelentes helados de mil y un sabores, incluido *speculoos,* la emblemática galleta belga. Sirven yogur helado y tentempiés, además. (capoue.com)

Maison St-Cyr.

Dónde beber

La Terrasse
PUB

16 PLANO P. 132, G4

Típico *café* revestido de madera, a mano del Parc du Cinquantenaire, con una arbolada terraza ideal para parar a tomar algo tras una dura jornada de museos. Sirven, a distintas horas del día, tentempiés, tortitas, helados, desayunos (desde 3,90 €) y comidas correctas (10-18 €). Pruébese la cerveza del mes. (brasserielaterrasse.be)

Piola Libri
BAR

17 PLANO P. 132, E2

Muchos funcionarios italianos se relajan tras la jornada laboral en los sofás, en la terraza o en el diminuto jardín trasero disfrutando de los refrescantes vinos blancos de este agradable híbrido de librería, *café* y bar que, además, acoge una ecléctica programación de lecturas y noches de DJ. (piolalibri.be)

L'Autobus
BAR

18 PLANO P. 132, D5

Bar con solera frente a Maison Antoine (p. 136), la freiduría más famosa de la ciudad, a cuyos dueños no les importa si uno se zampa un cucurucho de patatas fritas mientras se toma una o dos cervezas. Los domingos lo eligen los vendedores del mercado de la Place Jourdan para darse un respiro. (☎ +32 470 90 86 11)

Modernismo en el barrio de la UE

El **Hôtel Van Eetvelde** (plano p. 132, C2; lab-an.be/en), sede del Art Nouveau Laboratory, está abierto al público en la actualidad. Aunque por fuera dista de ser el edificio más atractivo de la ciudad, su interior, tachonado de maderas exóticas y con una cúpula de vidrio central con motivos vegetales de inspiración africana, es una obra maestra de Victor Horta. Su dueño, el barón Van Eetvelde, era por entonces (1895) ministro del Congo y, no por casualidad, el funcionario mejor remunerado del país. La estrecha **Maison St-Cyr** (plano p. 132, D1) posee una fachada clásica de 1903, a destacar por su ventana naturalista con el marco de cobre, sus balcones con filigranas y un pórtico superior circular. Corona el edificio un temerario copete de forja tan extravagante como retorcido.

Beers Bank

BAR

19 PLANO P. 132, D5

En plena Place Jourdan, con un surtido de más de 150 tipos de cervezas, este bar de estética industrial con cierto aire de *bruin café* tiene una carta tan extensa que probablemente haya que pedir ayuda al personal. Mejor ir con el estómago lleno. (beersbank.be)

De compras

Les Macarons de Lorena

COMIDA

20 PLANO P. 132, G5

Lorena Verdejo es la persona detrás de este tesoro escondido cuyos *macarons* artesanos se cuentan entre los mejores de la capital. Clásicos atemporales al margen (chocolate, limón, caramelo), Lorena hornea lotes de temporada (p. ej., lirio del valle o lila en primavera) de sugerentes formas (nubes, flores, osos) a partir de complejas recetas. A la altura de los golosos más ávidos. (lesmacaronsdelorena.be)

Mercado de la Place Jourdan

MERCADO

21 PLANO P. 132, C5

Los domingos por la mañana, la Place Jourdan acoge un mercadillo que, además de gran variedad de alimentos, vende ropa, libros de segunda mano y flores. (Place Jourdan; 🕒 8.00-13.00 do; Ⓜ Schuman)

Las mejores experiencias 📷

Aplaudir la preciosa joya modernista del Musée Horta

Puede que su austero exterior no diga gran cosa, pero la antigua residencia del arquitecto –diseñada y construida entre 1898 y 1901– es una verdadera joya modernista. Está en el barrio de Saint-Gilles, al sur de casi todos los puntos de interés de la capital.

🎯

hortamuseum.be
Rue Américaine 25

La escalera

Esta maravilla (en la foto) es el triunfo estructural de la casa, con un pasamanos lleno de juguetones nudos y florituras que se vuelven más exuberantes a medida que se sube, hasta culminar en una maraña de espirales y lámparas de cristal en el tragaluz, con vidrios lisos de color cítrico por los que la luz se filtra inundándolo todo.

Comedor

Las salas de la casa de Horta empiezan en el piso noble (o *bel étage*), tan habitual en las residencias de familias acomodadas. Los mosaicos del suelo, las rutilantes vidrieras y las paredes de ladrillo esmaltado reflejan la luz en el armonioso comedor, lleno de muebles de fresno americano con volutas, relucientes objetos de latón y una gama cromática dominada por los tonos rosas y naranjas.

Dormitorios

Las complejas curvas del pasamanos conducen a los dormitorios, entre ellos el de la hija de Horta, con un coqueto jardín de invierno, y a la embriagadora habitación de invitados, en el último piso, cuyo pomo de latón en espiral es en sí una maravilla.

Exterior

Como en tantas obras de Horta, el exterior es relativamente austero, aunque resulta agradable de contemplar una vez se ha visto su interior. Repárese en la barandilla con forma de libélula en la ventana de la habitación de invitados y en su balcón de metal industrial.

★ Consejos

○ Las visitas se limitan a 15 personas cada 15 min; resérvese con antelación por internet.

○ La excelente guía del museo ofrece una mirada más detallada.

○ Por la mañana organizan visitas guiadas en inglés previa solicitud.

○ También existe la posibilidad de ver la casa con un guía de ARAU (p. 22).

✗ Una pausa

Una buena opción para almorzar es el cercano restaurante asiático de fusión **Old Boy** (oldboyrestaurant.be), con un montón de platos para compartir, entre ellos los baos de cordero a la mantequilla.

Para tomar algo dulce, nada como **Bisou** (instagram.com/bisou.brussels).

Guía práctica

Canal, Brujas. VISIT BRUGES/JAN D'HONDT ©

Antes de partir

Alojamiento

○ La disponibilidad de alojamiento varía notablemente según la temporada y la zona. De mayo a septiembre, la ocupación es muy alta (máxime los fines de semana) en la costa y en Brujas. En Bruselas, en cambio, las tarifas de los hoteles de negocios se reducen de viernes a domingo.

○ Muchos lugares incluyen desayuno; las tarifas comprenden los impuestos nacionales.

○ Vale la pena reservar con antelación, sobre todo en B&B y hoteles de menor tamaño.

Webs útiles

○ **Les Auberges de Jeunesse** (lesauberges dejeunesse.be) Afiliados a Hostelling International.

○ **Vlaamse Jeugdher- bergen** (youthhostels.be) También afiliados a HI.

○ **Gîtes d'Étape** (gites detape.be) Alojamientos tipo albergue.

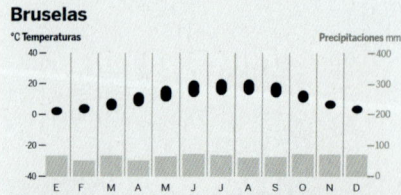

Bruselas

Cuándo ir

○ **Temporada alta (jul-ago)** El tiempo cálido y soleado hace que los hoteles de Brujas y la costa belga se abarroten mientras en Bruselas todavía pueden encontrarse gangas.

○ **Temporada media (may, jun y sep)** Tiempo agradable; tarifas algo más baratas en Brujas.

○ **Temporada baja (oct-mar)** Tiempo frío y húmedo; algunas atracciones cierran en Brujas, pero es cuando los alojamientos ofrecen mejores precios.

○ **Bed&Breakfasts BeNeLux** (bedandbreak fast.be) Listados oficiales de B&B.

○ **Camping.be** (camping. be) Buscador de *campings*.

Económico

○ **Meininger Bruxelles City Center** (meininger -hotels.com/en/hotels/ brussels/hotel-brussels -city-center) Fábrica de cerveza extraordinariamente reformada.

○ **LATROUPE Grand Place Hostel** (latroupe. com/en/hostel-grand-place /hostel) Dormitorios

colectivos y habitaciones privadas en pleno centro de Bruselas.

○ **Bauhaus** (st-chris tophers.co.uk/bruges/ bauhaus-hostel) Complejo para mochileros, con albergue, apartamentos y bar/club nocturno.

○ **Hostel Lybeer** (hostel lybeer.com) Albergue en una típica casa adosada de Brujas con una amplia y agradable zona común.

Precio medio

○ **B&B Dieltiens** (bbdiel tiens.be) Fantástica mansión clásica, céntrica pero aun así tranquila, llena de arte.

○ **De Passage** (passage bruges.com) Hotelito atractivo y apacible sobre un conocido restaurante de Brujas.

○ **Chambres d'Hôtes du Vaudeville** (theatre duvaudeville.be) Galería del s. XIX, ideal para ir tras la pista de Victor Hugo.

○ **Hôtel Le Berger** (lebergerhotel.be) Esplendor *art déco* en un antiguo *love hotel*.

Precio alto

○ **Hôtel Le Dixseptième** (ledixseptieme.be) Camas con dosel y lujo en uno de los hoteles de más postín de la capital.

○ **Juliana Hotel** (juliana -brussels.com) Glamurosa propuesta con un encantador bar, restaurante y piscina.

○ **Relais Bourgondisch Cruyce** (relaisbourgondis chcruyce.be) Distinguido hotel-*boutique* alojado en una casa medieval con entramado, decorada y reformada con gusto.

○ **Guesthouse Nuit Blanche** (bb-nuitblanche. com) Chimeneas góticas y vidrieras originales en

una antigua curtiduría del s. XV renacida como hotel de lujo.

Cómo llegar

Avión

● **Aeropuerto de Bruselas** (brusselsairport.be) Situado 14 km al noreste de Bruselas. Venden sellos en la tienda de comestibles Louis Delhaize. En el vestíbulo de llegadas (2ª planta) hay una oficina de cambio, agencias de alquiler de automóviles e información turística. La terminal de autobuses y las consignas están en la planta baja; la estación de trenes, en la 1ª.

● **Aeropuerto de Bruselas Sur-Charleroi** (brussels-charleroi-airport. com) En el segundo aeropuerto de la capital, 46 km al sureste del centro, operan las principales compañías de bajo coste.

Autobús

Brujas

○ Los servicios interurbanos e internacionales salen y llegan al intercambiador de la

estación central de Brujas (Stationsplein 5).

○ **Flixbus** (flixbus.com/ bus/bruges) Autobuses diurnos y nocturnos entre la estación central de Brujas y Londres (desde 40 €). Resérvese en línea.

Bruselas

● **Flixbus** (flixbus.com/ bus/brussels) ofrece servicios a Londres, Ámsterdam, París y otros destinos desde la **estación Norte de Bruselas** (belgianrail.be) y **Bruxelles-Midi.**

○ **TEC Bus W** Conecta Brussels Midi con Waterloo. Para ir al lugar de la famosa batalla, hay que apearse en Braine-l'Alleud.

Tren

Brujas

○ La estación de trenes está 1,5 km al sur de Markt. Cada 30 min salen trenes a Cortrique (8,80 €, 40 min) y a Bruselas (16 €, 1 h) vía Gante (7,50 €, 23 min).

Bruselas

○ **Bruxelles-Midi** es la estación principal para conexiones internacionales: los Eurostar y TGV llegan a ella. La mayoría de las líneas principales restantes paran en Bruxelles-Midi, **Bruxelles-Central** (belgianrail.be) y, salvo los trenes a Ámsterdam, **Bruxelles-Nord.**

○ Las oficinas de información de las tres estaciones tienen amplios horarios. Para informarse, consúltese belgiantrain.be o llámese al 02-555 25 55.

Cómo desplazarse

Automóvil y motocicleta

○ Es mejor evitarlos en ambas ciudades: hay frecuentes atascos, sobre todo los viernes por la tarde. En Bruselas, que es zona de baja emisión, los coches deben registrarse. (lez.brussels/mytax/en)

Bicicleta

○ Bruselas posee una red de carriles-bici segregados, mientras que Brujas, repleta de peatones y calles adoquinadas, no es idónea para la bici.

'Kusttram'

○ DeLijn gestiona este tranvía que recorre la costa entre Knokke-Heist y De Panne/Adinkerke, con parada en las localidades intermedias.

○ Hay salidas cada 20-60 min entre las 4.20 y 23.00 (10.44 desde Knokke).

○ Hacer la ruta completa lleva algo más de 2 h.

Patines

○ En Bélgica hay normas de circulación especiales para patinadores.

Taxis

Los taxis oficiales tienen taxímetro y tarifas estipuladas.

Transporte público

○ **STIB/MIVB** (stib.be) gestiona el excelente sistema integrado de autobuses, metro y tranvía de Bruselas, que funciona de 6.00 a 24.00.

○ Los autobuses urbanos de Brujas, administrados por **DeLijn** (delijn.be), circulan de 5.30 a 23.00.

○ **NMBS/SNCB** (Ferrocarriles Belgas; belgiantrain.be) opera trenes "B" regulares entre Bruselas y Ostend (19 €, 1⅓ h).

Información esencial

Accesibilidad

Aunque el empedrado es una lata para los viajeros en silla de ruedas, las ciudades están bien dotadas de bordillos rebajados, pavimentos táctiles, señalización auditiva en pasos de peatones, taxis accesibles y asistencia en el metro y los trenes. Si bien la mayoría de las opciones de transporte público y los principales reclamos turísticos son accesibles, muchos comercios en edificios antiguos no lo son. Hay muchos alojamientos accesibles, también de precio económico.

Brujas

○ Aunque el adoquinado de Brujas puede suponer un desafío, los barrios en torno al centro están adaptados para sillas de ruedas. Para información sobre alojamiento, puntos de interés y actividades, transporte, cuidado y asistencia véase Visit Flanders (visitflanders.com/es/informacion-de-viaje/accesibilidad). Dispone, además, de folletos descargables sobre temas como excursiones de un día para visitantes con deficiencias visuales a alojamientos accesibles, y de un plano de Brujas accesible.

Bruselas

○ Los organismos de turismo oficiales de Bruselas son de los más avanzados del mundo en accesibilidad y ofrecen abundantes recursos para planificar la estancia. **Handy.Brussels** (handy.brussels) dispone de muchísima información sobre transporte, alojamiento, puntos de interés y actividades.

○ El **aeropuerto de Bruselas** (brusselsairport.be/en/passengers/at-the-airport/passengers-with-reduced-mobility/travelling-with-assistance) es accesible, con ascensores y sitios para comer adaptados.

○ Para los trenes **Eurostar** (eurostar.com/uk-en/travel-info/travel-planning/accessibility) y de **SNCB** (belgiantrain.be/en/travel-info/prepare-for-your-journey/assistance-reduced-mobility), son útiles sus respectivas webs.

○ Se han realizado obras para adaptar 50 estaciones de metro a los viajeros con movilidad reducida, y varias líneas de autobús ofrecen pisos bajos, sistema de inclinación y rampa de acceso. El **Taxibus** de STIB (taxibus.stib-mivb.be/taxibus/) ofrece transporte puerta a puerta para personas con discapacidad.

Descuentos
Brujas

○ Si se prevé visitar más de dos museos, interesa hacerse con la **Musea Brugge Card** (reducida/adultos 25/33 €), que brinda acceso gratuito a todos los museos gestionados por la ciudad durante tres días. Los bonos no se venden por internet; pídase la tarjeta Musea Brugge en el primer museo que se visite.

Bruselas

○ La forma más económica de ver algunos de los mejores reclamos de la capital es con la **Brussels-Card** (brusselscard.be; 24/48/72 h 32/42/49 €), una tarjeta que incluye la entrada a 40 grandes museos, permite viajar gratis en el transporte local y, además, ofrece descuentos en otras atracciones, así como en varias tiendas y restaurantes. Se consigue en las oficinas de turismo, en las agencias de STIB y en los principales museos.

○ El primer miércoles de mes, por la tarde, la mayoría de los museos más destacados de la ciudad no cobra entrada.

○ La **agenda de Visit Brussels** (visit.brussels/es/visitantes/agenda) ofrece entradas con generosos descuentos a actos culturales.

Dinero

○ Casi todos los hoteles y restaurantes aceptan tarjetas de crédito.

○ En Brujas hay cajeros en la **oficina central de correos** (bpost.be), en la estación de trenes y, en general, allá donde se vea el letrero de Europabank.

○ En Bruselas los hay por doquier. La Bourse,

Bruxelles-Midi y el aeropuerto disponen de oficinas de cambio.

○ En Bélgica no es costumbre dejar propina; aun así, si se quiere dejar, normalmente el 10% es más que suficiente. En los lugares que apuntan a turistas, los extranjeros incautos a veces dejan propinas desproporcionadas, lo que genera ciertas expectativas entre el servicio. Los taxistas del aeropuerto pueden sugerir que se les deje propina o incluso exigirla sin tapujos. No hay que dejarse avasallar: en cierto modo es una estafa.

Electricidad

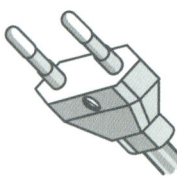

Tipo C
230V/50Hz

Tipo E
230V/50Hz

Fiestas oficiales

Año Nuevo 1 de enero

Lunes de Pascua marzo/abril

Día del Trabajo 1 de mayo

Ascensión 39 días después del lunes de Pascua (siempre cae en jueves)

Lunes de Pentecostés 50 días después del lunes de Pascua

Fiesta nacional 21 de julio

Día de la Asunción 15 de agosto

Todos los Santos 1 de noviembre

Día del Armisticio 11 de noviembre

Día de Navidad 25 de diciembre

Emergencias

Urgencias 112

Policía 101

Horario comercial

Muchos puntos de interés cierran los lunes. Los restaurantes suelen cerrar un día a la semana. El horario de tiendas, bares y *cafés* puede variar enormemente.

Bancos 8.30-15.30 o más tarde lu-vi, algunos también sa por la mañana.

Bares 10.00-13.00, aunque el horario es muy flexible.

Restaurantes 12.00-14.30 y 18.00/19.00-21.30/22.00.

Comercios 10.00-18.30 lu-sa; a veces cierran una hora para el almuerzo.

Información turística

Brujas

○ Hay tres puntos principales en la ciudad, y todos dispensan abundante material gratuito (folletos, planos...), además de ofrecer consejos prácticos. Téngase paciencia: el personal suele estar desbordado en los períodos de más trajín.

Mostrador de información turística
(visitbruges.be)

Oficina de turismo (In&Uit Brugge)
(visitbruges.be)

Markt (Historium) InfoKantoor (plano p. 44; ☎ 050-44 46 46)

Bruselas

○ **BIP** (visit.brussels/en/visitors/plan-your-trip/tourism-information-desks) es la oficina principal de Visit Brussels, con información y folletos de calidad, además de un **mostrador de venta de entradas de último minuto** (visit.brussels/es/visitantes/agenda/todos-los-eventos).

○ En la Grand Place hay también una pequeña pero útil oficina de **Visit Brussels** (visit.brussels).

Lavabos públicos

○ En general están limpios y bien cuidados.

○ Al personal de limpieza se le suele dar una propina de 0,50-1 €.

Precauciones

○ Brujas es una ciudad segura, con una baja tasa de criminalidad. En general se puede pasear tranquilamente de noche, pero, como en cualquier gran urbe, conviene actuar con sentido común. Los carteristas son un problema en las plazas concurridas.

○ En Bruselas, la delincuencia se sitúa en niveles similares a otras capitales europeas. Hay que estar alerta con los carteristas en la zona de la Grand Place, Rue Neuve y los mercados de Gare du Midi y Place du Jeu-de-Balle. De noche es mejor evitar Gare du Nord, Gare du Midi y los parques.

Teléfonos

○ La mayoría de los operadores europeos ofrecen a sus usuarios servicio de itinerancia en Bélgica.

○ La solución más barata y práctica para visitantes no europeos es comprar una tarjeta SIM local, asegurándose antes de que su teléfono esté liberado. Hay varios operadores.

Viajeros LGTBIQ+

En general, impera una actitud tolerante respecto a la homosexualidad. El matrimonio entre personas del mismo sexo es legal en Bélgica desde el 2003, y desde el 2006 gozan de los mismos derechos que las parejas heterosexuales, también en materia de sucesión y de adopción.

Brujas

○ La oferta de ambiente es bastante limitada como consecuencia del hermetismo local, su proximidad a centros gais de mayor tamaño como Amberes o Bruselas y su gran población no residente. Hay, pese a todo, unos cuantos bares *gay-friendly*, pero no una interesante escena.

○ Más información en travelgay.com.

Bruselas

○ El pequeño pero pujante barrio arcoíris de Bruselas gira en torno a Rue du Marché au Charbon. Aquí se encontrará una docena de *cafés* (*pubs*/bares) orienta-

Protocolo

Saludos Al entrar en una tienda o acercarse a la caja, es de buena educación saludar al personal; y, al marcharse, dar las gracias y desear buen día/buena tarde (en francés, *bonne journée/bonne soirée*; en flamenco, *goeie dag/goede avond*).

Obsequios Si al viajero le invitan a una casa particular, lo indicado es llevar vino, flores o bombones, procurando escoger una buena marca.

¿Progresista o conservador? El concepto local sobre la corrección política puede no coincidir con el propio. No hay que sacar conclusiones precipitadas. Es habitual que los temas serios se traten desde la trivialidad y que en el fondo las actitudes sean muy liberales.

Besos Los belgas suelen saludar a los amigos con tres besos alternando las mejillas, pero incluso a ellos les cuesta saber cuándo es apropiado hacerlo.

dos a gais –pruébese el **Stammbar** (stammbarbxl.com)– y dos centros de información/bares LGTBIQ+: la floreciente y multilingüe **Rainbow House** (rainbowhouse.be) y el francófono **Tels Quels** (telsquels.be), que ofrece un servicio de atención telefónica (02-502 07 00).

El desfile del **Orgullo Gay** de Bruselas (pride.be) termina en esta zona con una atronadora noche de fiesta. **Pink Screens** (pinkscreens.org) se celebra durante diez días a finales de enero, mientras que Cinéma Nova organiza el **Pink Screens Cineclub** (gdac.org).

Entre la oferta de alojamiento abiertamente gay del centro se incluye el **Art de Séjour B&B** (artdesejour.be; Rue des Bogards 12), muy a mano de la marcha.

Visados

Para entrar en Bélgica se exige un pasaporte o DNI comunitario vigente. Los ciudadanos de la mayoría de los países occidentales no necesitan un visado turístico para estancias de hasta tres meses. Para más información, consúltese en la embajada o consulado belga más cercano o visítese diplomatie.belgium.be.

Desde mediados del 2025, los ciudadanos de los países exentos de visado deberán cumplimentar la autorización de viaje ETIAS antes de partir (travel-europe.europa.eu/etias_en).

Idioma

Bélgica se divide en dos regiones: Flandes (*Vlaanderen*, en flamenco), de habla flamenca, y la francófona Valonia (*Wallonie*, en francés), además de una pequeña región germanófoba junto a la frontera con Alemania.

Brujas está en Flandes y, por ende, su población habla flamenco. Bruselas es oficialmente bilingüe, aunque el francés es la lengua dominante desde hace tiempo.

Una buena idea para desenvolverse mejor durante la estancia es hacerse con una guía de conversación a través de **lonelyplanet.es.**

Francés

Frases útiles

Buenos días/hola.
Bonjour.

Adiós.
Au revoir.

¿Cómo está usted?
Comment allez-vous?

Bien, gracias.
Bien, merci.

Por favor.
S'il vous plaît.

Gracias.
Merci.

Disculpe.
Excusez-moi.

Perdón.
Pardon.

Sí./No.
Oui./Non.

¿Habla español/inglés?
Parlez-vous espagnol/anglais?

No entiendo.
Je ne comprends pas.

Comida y bebida

Un café, por favor.
Un café, s'il vous plaît

Soy vegetariano/a.
Je suis végétarien/végétarienne. (m/f)

¡Salud!
Santé!

¡Estaba delicioso!
C'était délicieux!

La cuenta, por favor.
L'addition, s'il vous plaît.

De compras

Quisiera comprar...
Je voudrais

Solo estaba mirando.
Je regarde.

¿Cuánto cuesta?
C'est combien?

Es demasiado caro.
C'est trop cher.

¿Puede bajar el precio?
Vous pouvez baisser le prix?

Emergencias

¡Socorro!
Au secours!

¡Llame a la policía!
Appelez la police!

¡Llamen a un médico!
Appelez un médecin!

Estoy enfermo/a.
Je suis malade.

Estoy perdido/a.
Je suis perdu/perdue. (m/f)

¿Dónde están los aseos?
Où sont les toilettes?

Hora y números

¿Qué hora es?
Quelle heure est-il?

Son las (ocho).
Il est (huit) heures.

Son las (diez) y media.
Il est (dix) heures et demie.

mañana	*matin*
tarde	*après-midi*
tarde noche	*soir*
ayer	*hier*
hoy	*aujourd'hui*
mañana	*demain*

lunes	*lundi*
martes	*mardi*
miércoles	*mercredi*
jueves	*jeudi*
viernes	*vendredi*
sábado	*samedi*
domingo	*dimanche*

1	*un*
2	*deux*
3	*trois*
4	*quatre*
5	*cinq*
6	*six*
7	*sept*
8	*huit*
9	*neuf*
10	*dix*
100	*cent*
1000	*mille*

Transporte y direcciones

¿Dónde está...?
Où est ...?

¿Cuál es la dirección?
Quelle est l'adresse?

¿Puede indicármelo (en el plano)?
Pouvez-vous m'indiquer (sur la carte)?

Quisiera ir a...
Je voudrais aller à ...

¿A qué hora sale?
À quelle heure est-ce qu'il part?

Flamenco

Frases útiles

Hola.
Dag./Hallo.

Adiós.
Dag.

¿Cómo está usted?
Hoe gaat het met u?

Bien, ¿y usted?
Goed. En met u?

Por favor.
Alstublieft.

Gracias.
Dank u.

Disculpe.
Excuseer mij.

Sí./No.
Ja./Nee.

¿Habla español/inglés?
Spreekt u Spaans/Engels?

No entiendo.
Ik begrijp het niet.

Comer y beber

La carta, por favor.
Ik wil graag een menu.
¿Qué me recomienda?
Wat kan u aanbevelen?
¡Está delicioso!
Heerlijk!/Lekker!

¡Salud!
Proost!

La cuenta, por favor
Mag ik de rekening alstublieft?

desayuno	*ontbijt*
almuerzo	*middagmaal*
cena	*avondmaal*
cerveza	*bier*
pan	*brood*
café	*koffie*
pescado	*vis*
carne	*vlees*
frutos secos	*noten*
vino tinto	*rode wijn*
té	*thee*

De compras

Quisiera comprar...
Ik wil graag ... kopen
Solo estaba mirando.
Ik kijk alleen maar.
¿Cuánto cuesta?
Hoeveel kost het?

Es demasiado caro.
Dat is te duur.
¿Puede bajar el precio?
Kunt u wat van de prijs afdoen?
¿Tiene más?
Heeft u nog andere?

Emergencias

¡Socorro!
Help!

¡Déjeme en paz!
Laat me met rust!
¡Llamen a la policía!
Bel de politie!
¡Llamen a un médico!
Bel een dokter!
Estoy enfermo/a.
Ik ben ziek.

Estoy perdido/a.
Ik ben verdwaald.
¿Dónde están los aseos?
Waar zijn de toiletten?

Hora y números

¿Qué hora es?
Hoe laat is het?
Son las (diez).
Het is (tien) uur.
Son las (diez) y media.
Half (elf).

mañana	's ochtends
tarde	's middags
tarde noche	's avonds
ayer	gisteren
hoy	vandaag
mañana	morgen
lunes	maandag
martes	dinsdag
miércoles	woensdag
jueves	donderdag
viernes	vrijdag
sábado	zaterdag
domingo	zondag

1	één
2	twee
3	drie
4	vier
5	vijf
6	zes
7	zeven
8	acht
9	negen
10	tien
100	honderd
1000	duizend

Transporte y direcciones

¿Dónde está...?
Waar is ...?

¿Cuál es la dirección?
Wat is het adres?

¿Puede indicármelo (en el plano)?
Kunt u het mij tonen (op de kaart)?

Por favor, lléveme a...
Breng me alstublieft naar ...

¿A qué hora sale?
Hoe laat vertrekt het?

Un billete a..., por favor.
Een kaartje naar ... graag.

Quisiera alquilar una bicicleta.
Ik wil graag een fiets huren.

Entre bastidores

Actualización y sugerencias

Si el lector encuentra cambios en los lugares descritos u otros recién inaugurados, le agradeceremos que escriba a Lonely Planet en www.lonelyplanet.com/contact/guidebook_feedback/new para mejorar la próxima edición. Todos los mensajes se leen, se estudian y se verifican. Quienes escriban verán su nombre reflejado en el capítulo de agradecimientos de la siguiente edición. Determinados fragmentos de la correspondencia de los lectores podrían aparecer en nuevas ediciones de las guías Lonely Planet, en la web de Lonely Planet, así como en la información personalizada. Se ruega a todo aquel que no desee ver publicadas sus cartas ni que figure su nombre que lo haga constar.

Agradecimientos de Mélissa

Muchísimas gracias a todos los que me han prestado su apoyo durante este precioso proyecto: Olivier, Marie y Jérémy, Jonathan, Emma y Kevin, Stéphanie y Jean-Sébastien, Sad, Romy, Véronique, Chantal, Audrey, Leïla, Hélène y Anne-Michèle, a mi familia (muy especialmente a mi queridísima Nonna, siempre tan comprensiva cuando le decía que no podía ir a verla debido al trabajo), y, por último pero no menos importante, a Kiska, mi pequeña colaboradora gatuna, cuya encantadora presencia me ha ayudado enormemente.

Agradecimientos de Helena

Vaya mi agradecimiento a Visit Bruges, por su ayuda; y a mi colega y coautora de esta guía, Mélissa Monaco, por su recibimiento en Bruselas.

Reconocimientos

Fotografía de la cubierta: Bruselas, Maurizio Rellini/AWL Images ©; Brujas, Noppasin Wongchum/Shutterstock ©.

Fotografías p. 36: Sharon Lapkin/Getty Images ©, ladybug10/shutterstock ©.

Fotografías p. 80: SCStock/shutterstock ©, D.Bond/shutterstock ©, Werner Lerooy/shutterstock ©.

Índice

Véanse también los subíndices:

❌ **Dónde comer p. 158**

🍺 **Dónde beber p. 158**

⭐ **Ocio p. 158**

🔒 **De compras p. 159**

🔒 De compras

Las autoras

Mélissa Monaco

Mélissa lleva escribiendo desde los 7 años: una pasión que se fortaleció cuando empezó a viajar por su cuenta. Todo comenzó con su blog, *Mel Loves Travels*, en el 2010. Uno de sus principales propósitos era alentar a mujeres a viajar de manera independiente, y ella misma dio la vuelta al mundo con 40 años. Del 2017 al 2019 trabajó como columnista especializada en viajes para la radio pública belga, La Première. También ha firmado varias guías de viajes sobre su ciudad natal, Bruselas, cuyas microcerveceras se conoce al dedillo.

Helena Smith

Helena es una escritora y fotógrafa galardonada que domina una amplia temática, desde viajes a actividades al aire libre, pasando por gastronomía. Ha escrito guías sobre multitud destinos, como Fiyi o el norte de Noruega. Nació en Escocia, pero pasó buena parte de su niñez en Malaui. También disfruta viajando por todo el orbe sin moverse de Hackney, el multicultural barrio londinense donde reside y escribe en la actualidad. Es autora, además, de *Inside Hackney*, la primera guía publicada sobre este fascinante lugar (insidehackney.com).

geoPlaneta
Av. Diagonal 662-664, 08034 Barcelona
viajeros@lonelyplanet.es
www.geoplaneta.com – www.lonelyplanet.es

Lonely Planet Global Limited
Lonely Planet Global Limited, Digital Depot,
The Digital Hub, Dublín D08 TCV4, Irlanda
www.lonelyplanet.com
Contacta con Lonely Planet en: lonelyplanet.com/contact

Bruselas y Brujas de cerca
5ª edición en español – septiembre del 2024
Traducción de *Bruges & Brussels*, 6ª edición – junio del 2024
© Lonely Planet Global Limited
1ª edición en español – mayo del 2011

Editorial Planeta, S.A.
Av. Diagonal 662-664, 7º. 08034 Barcelona (España)
Con la autorización para la edición en español de Lonely Planet
Global Limited, Digital Depot,
The Digital Hub, Dublín, D08 TCV4, Irlanda

© Textos y mapas: Lonely Planet, 2024
© Fotografías 2024, según se relaciona en cada imagen
© Edición en español: Editorial Planeta, S.A., 2024
© Traducción: Jorge García, 2024

ISBN: 978-84-08-28984-5
Depósito legal: B. 6.142-2024
Impresión y encuadernación: Unigraf
Printed in Spain – Impreso en España

La lectura abre horizontes, iguala oportunidades y construye una sociedad mejor.

La propiedad intelectual es clave en la creación de contenidos culturales porque sostiene el ecosistema de quienes escriben y de nuestras librerías.

Al comprar este libro estarás contribuyendo a mantener dicho ecosistema vivo y en crecimiento.

En **Grupo Planeta** agradecemos que nos ayudes a apoyar así la autonomía creativa de autoras y autores para que puedan seguir desempeñando su labor.

Dirígete a CEDRO (Centro Español de Derechos Reprográficos) si necesitas fotocopiar o escanear algún fragmento de esta obra. Puedes contactar con CEDRO a través de la web www.conlicencia.com o por teléfono en el 91 702 19 70 / 93 272 04 47.

Lonely Planet y el logotipo de Lonely Planet son marcas registradas de Lonely Planet en la Oficina de Patentes y Marcas de EE UU y otros países. Lonely Planet no autoriza el uso de ninguna de sus marcas registradas a establecimientos comerciales tales como puntos de venta, hoteles o restaurantes. Por favor, informen de cualquier uso fraudulento a www.lonelyplanet.com/legal/intellectual-property.

El papel de este libro procede de bosques gestionados de forma sostenible y de fuentes controladas.